Isère

TOME 1

LES GUIDES RAQUETTES

Les plus belles balades et randonnées à raquettes

Isère

TOME 1

Chartreuse

Belledonne • Sept-Laux

Oisans • Grandes Rousses

LIBRIS

Nous avons apporté le plus grand soin à l'élaboration de cet ouvrage en nous efforçant de fournir des informations objectives, complètes et actualisées.
L'éditeur et l'auteur ne sauraient être tenus pour responsables dans l'hypothèse d'un accident sur les itinéraires et tracés suggérés dans cet ouvrage, et ce, quelles qu'en soient les causes.

Nous remercions les utilisateurs de ce guide de nous faire connaître les erreurs ou omissions qu'ils auront pu constater et de nous faire part de toutes remarques ou suggestions susceptibles d'améliorer nos publications.
Libris, 17, rue Bayard, 38000 Grenoble
e-mail : libris@libris.fr

17, rue Bayard
38000 Grenoble

Collection dirigée par Jean-Paul Rousselet, Libris
Maquette et mise en pages : Stéphane Georis, Libris
Cartes : Jean-Marc Boudou
Photos : Toutes les photos sont de l'auteur sauf :
p. 24 © Phot'eau nature Martine Gonthier/Jean-Marc Lamory ; p. 71 Rivaud ; pp. 76, 86, 88, 109, 115, 129, 136 Emmanuel Armand ; p. 91 Jean-Paul Rousselet ; pp. 106 et 107 Claude Mansiot ; pp. 114, 116 (haut et bas) Roger Hémon ; pp. 121, 123, 128,137 Guillaume Vallot.

Dépôt légal : novembre 2005
ISBN : 2-84799-078-X
Imprimé en France

Introduction générale

Tout commence par ces journées de novembre, où les nuages s'amoncellent dans le ciel. Des nuages qui vont porter les flocons d'abord sur les cimes et dans les combes, puis, au cœur de l'hiver, la neige descendra dans les vallées. L'envie de parcourir la montagne hivernale naît en novembre, mais se distille jusqu'au printemps. C'est l'immense atout de la raquette à neige, celui de fréquenter la montagne pendant la période qu'on appelait « hors saison », même quand il n'y a pas ou plus assez de neige pour skier, et surtout quand il y en a trop pour pouvoir marcher sans. La raquette est un engin tout-terrain écologique qui permet d'associer au plaisir de la découverte de la montagne hivernale celui, enfantin, de profiter de la neige poudreuse selon ses envies.

En hiver, là où il y a une volonté, il n'y a pas toujours un chemin. Si la raquette est un instrument de liberté, mieux vaut savoir où l'on met les pieds pour ne pas se perdre. Le but de ce guide est de proposer une sélection d'itinéraires choisis avec soin pour leur beauté, tout en livrant les clés nécessaires à leur parcours, qu'il soit très facile ou au contraire ardu. La montagne hivernale étant avant tout une affaire d'expérience, il est bien sûr difficile de la partager en mots. Néanmoins, l'enchaînement gradué de balades de difficulté croissante doit vous amener peu à peu à une certaine autonomie, celle où l'on assume ses choix. Car c'est là que l'on trouve aussi son plaisir, dans la satisfaction de trouver son chemin, d'avoir bouclé la boucle quand le soleil baisse sur l'horizon. Et que naissent, par-delà les cimes et les crêtes enneigées d'autres rêves, d'autres projets. Comme le goût inaltérable de la liberté, raquettes aux pieds.

Les raquettes pour aller ailleurs autrement

L'Isère est un vaste département qui couvre plusieurs massifs alpins et préalpins. Dans ce guide, trois massifs principaux sont traités : la Chartreuse, avec une incursion en Savoie, Belledonne et les Sept-Laux, et enfin, l'Oisans et les Grandes Rousses.
Dans chaque massif, on trouvera des parcours de difficulté et de dénivelée variées, de la petite sortie d'une à deux heures pour débutants à la « bambée » de huit heures.
Si en Chartreuse nombreux sont les itinéraires balisés, ce fantastique massif recèle bien d'autres possibilités, dont certaines parmi les plus intéressantes sont décrites ici. Mais attention, il n'y a rien de commun entre une sortie très classique au départ du col de Porte et d'autres de même niveau mais peu fréquentées. La Chartreuse offre ses plus beaux atours de décembre à mars, mais certains itinéraires d'envergure (le col d'Hurtières, la dent de Crolles) se parcourent aussi bien en avril.
Le massif de Belledonne, très alpin, ne se prête pas toujours à la pratique de la raquette : les dénivelées et les horaires étant parfois trop importants si l'on ne redescend pas « rapidement » (mais on peut le faire en raquettes-snowboard par exemple). C'est pourquoi les itinéraires présentés sur ce massif ont été sélectionnés pour leur accessibilité en raquettes, même si quelques randonnées peuvent nécessiter l'emploi de crampons par exemple. Les plus acharnés se reporteront, une fois cochées toutes les balades de ce guide, sur les topos de ski de randonnée. Belledonne se parcourt raquettes aux pieds de novembre à juin en choisissant bien l'orientation et le caractère de la balade.
Quant à l'Oisans (dont les Grandes Rousses), il se prête à une découverte un peu plus atypique puisque la raquette est un moyen de fréquenter ce massif au printemps, quand les vallées et les cols accessibles en voiture sont ouverts. Mais l'automne et les débuts d'hivers peu enneigés offrent de belles occasions de goûter à la solitude des hautes vallées du Vénéon ou du plateau d'Emparis, quand ceux-ci sont juste saupoudrés de neige. En matière de choix de balade, l'expérience est essentielle, mais aussi l'imagination !
Enfin, ce guide est une sélection d'itinéraires, qui n'a pas évidemment prétention à l'exhaustivité. Rappelez-vous que si certaines balades sont présentes dans ce guide, c'est sûrement parce que d'autres en ont été écartées... à vous d'aller voir si ce choix est le bon !

Sommaire

Chartreuse (carte p. 24)

Belledonne – Sept-Laux (carte p. 68)

Choisir une randonnée est un moment excitant. Mais, aux interrogations incontournables sur les conditions de neige et de météo, s'ajoutent les difficultés d'orientation, de progression et le risque d'avalanches. Pour y répondre, le randonneur n'a d'autre solution que de s'informer et se former, pour apprendre et comprendre le milieu dans lequel il s'engage.

Plaisir et sécurité

Celui qui chausse les raquettes pour la première fois a tout intérêt à commencer par une randonnée plutôt courte, mais offrant un terrain varié. Il constatera ainsi les possibilités et les limites de son matériel. Talus à surmonter, courtes pentes raides à gravir ou à descendre, obstacles divers à franchir lui permettront de trouver le bon positionnement sur les raquettes et de se rendre compte que la recherche et la pratique d'un tel terrain sont particulièrement ludiques.
À l'issue de cette première et prudente initiation, il pourra envisager d'aller plus loin. Attention ! Il ne peut être question de refaire systématiquement à raquettes les randonnées estivales. Au-delà des forêts, on délaisse généralement le tracé des sentiers d'été, qui coupent souvent des pentes pouvant être avalancheuses ou suivent des crêtes impraticables. Seul le terrain dicte le cheminement. Mieux vaut éviter les dévers, choisir des combes ou des vallons plus doux, des pentes que l'on pourra remonter directement ou par une succession de zigzags. Il faut toujours tracer le cheminement où la progression sera la plus aisée. L'importance de la dénivelée ne fait pas forcément l'intérêt de la randonnée ; la variété du parcours contribue surtout au plaisir qu'on retire d'une sortie à raquettes. Bien sûr, il n'y a pas de raison de se priver d'un sommet si celui-ci peut se gravir à raquettes, au contraire. Cependant, se servir des raquettes pour faire les grandes classiques du ski de randonnée est dommage : mieux vaut apprendre à skier, ou réserver ces objectifs pour des périodes et des conditions de neige particulières. On recherchera donc plus favorablement des objectifs et des itinéraires où les raquettes sont le plus efficace moyen de progression. C'est d'ailleurs le but de ce topo-guide qui répond à la question que se posent souvent les raquettistes : où aller ? Sa consultation permet de choisir parmi les randonnées les mieux adaptées à la pratique de la raquette, hors des pistes et des domaines sécurisés. Il propose les meilleurs itinéraires, donne de nombreux renseignements et conseils, mais il ne peut se substituer au randonneur qui, sur le terrain, sera livré à ses seules compétences. Auparavant, une bonne préparation est indispensable.

C'est pourquoi il est particulièrement recommandé à ceux qui souhaitent s'initier à raquettes, de débuter dans le cadre d'une sortie avec un professionnel, ou organisée par un club. La sécurité des raquettistes n'est pas seulement liée à leur capacité d'évolution. Elle est aussi largement tributaire des conditions de neige et de météo. Aussi il importe que ceux qui veulent randonner en autonomie acquièrent les meilleures connaissances possibles pour comprendre le milieu dans lequel ils s'engagent. Il y va de leur sécurité… et de leur plaisir.

Utiliser ce guide

Ce guide présente 80 itinéraires répartis sur les parties septentrionale et orientale du département de l'Isère. Certains d'entre eux empiètent parfois sur les départements voisins de la Savoie et des Hautes-Alpes.
L'ouvrage est découpé selon une logique de massifs, allant du nord au sud. Un sommaire vous permet de visualiser d'un coup d'œil l'ensemble des itinéraires avec le massif et le secteur correspondant, l'altitude, la durée, le niveau et bien sûr la page à laquelle vous pourrez trouver le descriptif détaillé.
Les accès routiers sont toujours décrits depuis Grenoble.
Vous trouverez pour chaque itinéraire, numéroté de 1 à 80, les informations suivantes : le massif, le secteur, l'altitude, le descriptif détaillé, un commentaire, l'accès routier, la dénivelée positive, la durée totale, la distance, le niveau, la période et les cartes IGN correspondantes.

Les grandes régions et les secteurs

L'ouvrage est découpé en 3 grandes régions : Chartreuse, Belledonne – Sept-Laux, Oisans – Grandes Rousses.
En ouverture de chaque région, une carte d'accès routier vous permet de localiser les différents points de départ. Chaque région est également divisée en secteurs qui regroupent plusieurs itinéraires.

Meilleure période

Globalement, la fin de l'automne et les premières neiges permettent de profiter des itinéraires d'altitude et des accès routiers encore possibles. Au cours de l'hiver, il vaut mieux profiter de l'enneigement et choisir les randonnées de basse altitude. On remonte ensuite progressivement avec la neige. L'arrivée du printemps stabilise le manteau neigeux, et les journées plus longues favorisent l'engagement dans des secteurs plus lointains et à des altitudes plus élevées. L'indication de la période la plus favorable vous aide ainsi à choisir ou à programmer votre randonnée.

Sur les crêtes des Ramettes, au fond la croix de Chamrousse.

Niveau de compétences

Les difficultés d'un itinéraire à raquettes sont bien sûr liées au relief du terrain, à la dénivelée et à la distance à parcourir, mais les conditions de neige et de météo, l'altitude et l'éloignement influencent considérablement le caractère du parcours. La notion d'engagement peut alors être forte. En cas de difficultés, les connaissances et l'expérience des raquettistes deviennent alors déterminantes. C'est pourquoi nous avons préféré indiquer un niveau de compétences recommandé plutôt qu'un simple degré de difficulté de l'itinéraire.

Les niveaux sont définis ci-dessous par des critères simples. Il appartient à chacun de choisir ses randonnées en fonction des compétences qu'il estime posséder.

Niveau 1

Niveau 1 | Niveau 2 | Niveau 3 | Niveau 4

Randonneur capable de s'orienter hors traces et hors balisage, sur un itinéraire **court, de faible dénivelée et simple**, à l'aide de la carte IGN et du descriptif ; de choisir son cheminement et de progresser à raquettes dans un **relief et à des altitudes modérés** ; d'appréhender les risques de ce terrain, et de mettre en œuvre les moyens d'assurer sa sécurité, quelles que soient les conditions de neige et de météo.

Niveau 2

Niveau 1 | Niveau 2 | Niveau 3 | Niveau 4

Randonneur capable de s'orienter hors traces et hors balisage, sur un itinéraire **de moyenne distance et dénivelée, pouvant être un peu complexe**, à l'aide de la carte IGN et du descriptif ; de choisir son cheminement et de progresser à raquettes dans un **relief pouvant être accentué et à des altitudes moyennes** ; d'appréhender les risques de ce terrain, et de mettre en œuvre les moyens d'assurer sa sécurité quelles que soient les conditions de neige et de météo.

Niveau 3

Niveau 1 | Niveau 2 | Niveau 3 | Niveau 4

Randonneur capable de s'orienter hors traces et hors balisage, sur un itinéraire **complexe, de distance et de dénivelée pouvant être importantes,** à l'aide de la carte IGN et du descriptif ; de choisir son cheminement et de progresser à raquettes dans un **relief parfois accentué et à des altitudes pouvant être élevées** ; d'appréhender les risques de ce terrain, et de mettre en œuvre les moyens d'assurer sa sécurité quelles que soient les conditions de neige et de météo.

Niveau 4

Niveau 1 | Niveau 2 | Niveau 3 | Niveau 4

Randonneur capable de s'orienter hors traces et hors balisage, sur un itinéraire **complexe, de longue distance, de dénivelée importante,** à l'aide de la carte IGN et du descriptif ; de choisir son cheminement et de progresser à raquettes dans un **relief souvent accentué et à des altitudes élevées** ; d'appréhender les risques de ce terrain, et de mettre en œuvre les moyens d'assurer sa sécurité quelles que soient les conditions de neige et de météo.

Niveau intermédiaire

Niveau 1 | Niveau 2 | Niveau 3 | Niveau 4

Dans certains cas, il est difficile d'arrêter un niveau avec précision ; c'est pourquoi des cotations intermédiaires sont parfois adoptées.

Critères objectifs			
Dénivelée	**faible**	**moyenne**	**importante**
	< 400 m	< 800 m	> 1 200 m
Distance	**courte**	**moyenne**	**importante**
	< 4 km	< 8 km	> 12 km
Altitude	**modérée**	**moyenne**	**élevée**
	< 1 500 m	< 2 200 m	> 2 200 m

Départ

Le point de départ effectif de l'itinéraire se fait généralement de l'endroit même où l'on se gare, ou à proximité. C'est le point 0 du tracé. C'est le départ habituel lorsqu'il s'agit d'un secteur connu et fréquenté, le bout d'une route habituellement déneigée par les services de voirie, ou un parking aménagé. Mais certains accès et points de départs sont tributaires du déneigement naturel de la route et de son caractère aléatoire. Il sera donc prudent de vous renseigner auprès des OT ou des mairies.

Dénivelée

Seule la dénivelée positive est indiquée. Elle prend en compte le cumul des montées successives lorsque celles-ci sont significatives. Sur le terrain, on dénivelle généralement davantage que la simple soustraction de deux altitudes (celle du point de départ de celle du point culminant). C'est pourquoi la dénivelée indiquée a été arrondie à la dizaine de mètres supérieure. Cette dénivelée sera parfois bien supérieure sur un itinéraire vallonné.

Distance

L'indication de la distance du parcours à raquettes est une donnée importante de sa difficulté physique. Les distances ont été relevées sur la carte à l'aide d'un curvimètre. Il s'agit donc d'une distance horizontale. Compte tenu de la pente, elle est supérieure sur le terrain. La distance du parcours est estimée à 500 m près.

Horaire global

L'horaire est donné à titre indicatif. Il s'agit du temps de marche effectif aller-retour. Il ne prend donc pas en compte les arrêts et les pauses. Ces horaires sont calculés sur la base de 250 m de montée, 400 m de descente, ou 2,5 km de distance en terrain plat par heure de marche. Pour chaque itinéraire, la formule de calcul tient compte de ces trois paramètres. J'ai pondéré les horaires par mon appréciation. Jusqu'à 5 h de marche, les horaires sont arrondis au quart d'heure supérieur ; au-delà, à la demi-heure supérieure.
Beaucoup trouveront ce rythme de progression lent. Je leur conseille toutefois de rester très prudents avec les horaires, car les conditions de neige et de météo influencent considérablement les temps de marche. C'est pourquoi il faut toujours prévoir une marge de sécurité conséquente.

À la pointe de la Scia.

Descriptif

Le texte, volontairement édulcoré de toutes fioritures, donne les grandes lignes de l'itinéraire. Les phrases sont courtes, indiquant chacune une portion du parcours. Ce descriptif permet de visualiser facilement l'itinéraire sur la carte IGN correspondante. La carte dessinée en relief qui l'accompagne apporte une aide supplémentaire. Le descriptif est ponctué des « points jalons » numérotés.

Les cartes dessinées

Les cartes dessinées en relief permettent de visualiser les itinéraires et leurs points de départ. Chaque carte porte de 1 à 4 itinéraires. Leurs numéros en couleur aident à les repérer facilement, ainsi que le sens du parcours indiqué par les flèches de même couleur. Les couleurs n'indiquent pas le niveau de difficulté.

Les points jalons

Chaque itinéraire est donc jalonné de points numérotés de ⓿ à ❾ selon la longueur et la complexité de l'itinéraire. Le ⓿ correspond toujours au point de départ. Les « points Jalons » sont posés sur la carte dessinée, ce qui aide à les reporter simplement et visuellement sur la carte IGN. Des points caractéristiques sont souvent choisis comme « points jalons », qui correspondent dans la plupart des cas à des repères du terrain.

Remarques et commentaires

Ces indications supplémentaires apportent parfois quelques précisions ou renseignements pouvant être utiles, telle la présence d'un refuge, d'un gîte, de tracés raquettes balisés... Toutefois, vous obtiendrez davantage d'informations auprès des OT et SI dont vous trouverez la liste en fin d'ouvrage. Il en est de même pour les dates d'ouverture des refuges et leur équipement.

Préparer et conduire ses randonnées

Conduire sa randonnée dans les meilleures conditions de sécurité est le principal souci du randonneur. Mais pour cela, il faut d'abord choisir judicieusement sa sortie et bien l'organiser. Cette phase de préparation est essentielle et ce guide est fait pour vous y aider. Chaque choix ou chaque décision – quelle que soit son importance – effectué avant le départ ou sur le terrain, influence (peu ou prou) la sécurité du randonneur. Information, Préparation, Équipement, Comportement et Adaptation constituent ainsi les points essentiels d'une démarche logique et pédagogique que j'ai baptisée « chaîne de sécurité ».

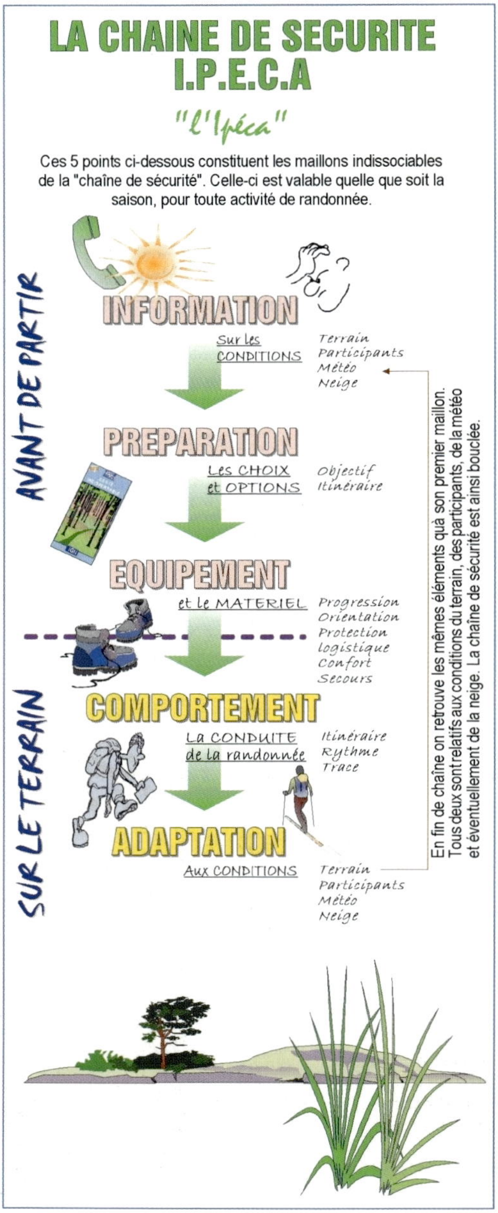

La suite logique de cette chaîne doit permettre au raquettiste de préparer et de conduire sa randonnée dans les meilleures conditions de sécurité. Cette « chaîne de sécurité » a été reprise pour la campagne de sécurité commune FFRP/FFME. Elle est détaillée dans le guide *Randonner* (éditions Libris).

La liste ci-dessous (non exhaustive) suit les 5 maillons de cette chaîne en détaillant les points essentiels (notamment pour la pratique de la raquette à neige).

Information

- Consultez le bulletin météo 08 92 68 02 74.
- Faites attention au niveau de l'isotherme 0° et son évolution en cours de journée.
- Consultez le bulletin neige 08 92 68 10 20.
- Reportez-vous à l'échelle européenne des risques d'avalanches.
- N'hésitez pas à solliciter les bureaux de tourisme et les professionnels.
- Ne partez qu'avec des personnes dont vous connaissez les compétences et les motivations.
- Ne partez pas trop nombreux, mais ne partez jamais seul.
- Prévoyez les difficultés d'accès en cas de routes enneigées.

Échelle européenne de risque d'avalanche

À l'intention du public pratiquant la montagne hors des pistes balisées et ouvertes
(source Météo France)

Indice du risque	Stabilité du manteau neigeux	Probabilité de déclenchement
1 - Faible	Le manteau neigeux est bien stabilisé dans la plupart des pentes.	Les déclenchements d'avalanches ne sont en général possibles que par forte surcharge[3] sur de très rares pentes raides[1]. Seules des coulées ou petites avalanches peuvent se produire spontanément.
2 - Limité	Dans quelques pentes[2] suffisamment raides, le manteau neigeux n'est que modérément stabilisé. Ailleurs, il est bien stabilisé.	Déclenchements d'avalanches possibles surtout par forte surcharge[3] et dans quelques pentes généralement décrites dans le bulletin. Des départs spontanés d'avalanches de grande ampleur ne sont pas à attendre.
3 - Marqué	Dans de nombreuses pentes[2] suffisamment raides, le manteau neigeux n'est que modérément à faiblement stabilisé.	Déclenchements d'avalanches possibles parfois même par faible surcharge[3] et dans de nombreuses pentes, surtout celles généralement décrites dans le bulletin. Dans certaines situations, quelques départs spontanés d'avalanches de taille moyenne, et parfois assez grosse, sont possibles.
4 - Fort	Le manteau neigeux est faiblement stabilisé dans la plupart des pentes[2] suffisamment raides.	Déclenchements d'avalanches probables même par faible surcharge[3] dans de nombreuses pentes suffisamment raides. Dans certaines situations, de nombreux départs spontanés d'avalanches de taille moyenne, et parfois grosse, sont à attendre.
5 - Très fort	L'instabilité du manteau neigeux est généralisée.	De nombreuses et grosses avalanches se produisant spontanément sont à attendre, y compris en terrain peu raide.

(1) Pentes particulièrement propices aux avalanches en raison de leur déclivité, de la configuration du terrain, de la proximité des crêtes...
(2) Les caractéristiques de ces pentes sont généralement précisées dans le bulletin : altitude, exposition, topographie...
(3) Surcharge indicative : forte (par exemple skieurs groupés) ou faible (par exemple skieur isolé, piéton).

Le terme déclenchement concerne les avalanches provoquées par surcharge, notamment par le(s) skieur(s).
Le terme départ spontané concerne les avalanches qui se produisent sans action extérieure.

Chamrousse.

PREVISION DU RISQUE
METEO FRANCE
Bulletin "neige et avalanches"

08 92 68 10 20

NIVEAU DU RISQUE (échelle Européenne)

5 **RISQUE TRES FORT**
L'instabilité du manteau neigeux est généralisée.

4 **RISQUE FORT**
Le manteau neigeux est faiblement stabilisé dans la plupart des pentes suffisamment raides.

3 **RISQUE MARQUE**
Dans de nombreuses pentes suffisamment raides, le manteau neigeux n'est que modérément à faiblement stabilisé.

2 **RISQUE LIMITE**
Dans quelques pentes suffisamment raides, le manteau neigeux n'est que modérément stabilisé. Ailleurs, il est bien stabilisé.

1 **RISQUE FAIBLE**
Le manteau neigeux est stabilisé dans la plupart des pentes.

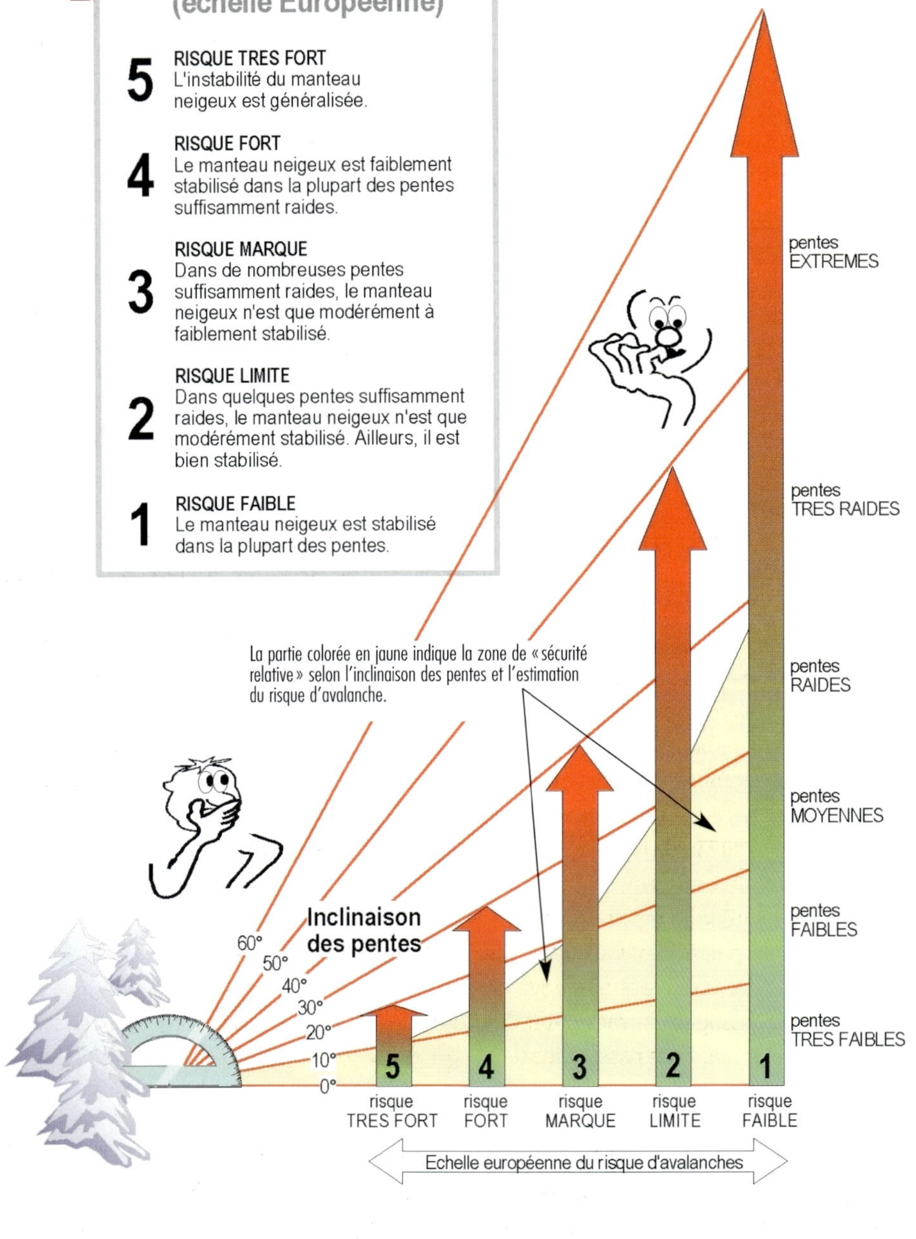

Une certaine philosophie

Les raquettes à neige permettent d'aborder des terrains où jusqu'alors peu de monde s'aventurait. C'est naturellement dans ces secteurs que la faune hiberne ou se protège des intempéries. Le raquettiste est pour elle un intrus qui dérange. Une fréquentation importante, anarchique et tous azimuts peut porter gravement atteinte à l'équilibre écologique de certains secteurs particulièrement fragiles. Chaque raquettiste doit avoir conscience de cet impact afin d'adopter l'attitude la moins agressive. En l'occurrence, il est recommandé de ne pas s'écarter des itinéraires, particulièrement en forêt, en limite supérieure de la forêt et dans les zones de végétation arbustive.
Le raquettiste s'invite dans une nature intacte. S'appliquer à faire une bonne trace qui épouse les formes du terrain et s'intègre dans le décor est une forme d'élégance que les suivants apprécieront, et qui les incitera à ne pas multiplier les traces parasites.
Le respect des clôtures, des chalets, des propriétés privées... des sites aménagés, des pistes de ski de fond et de leurs utilisateurs procède du simple respect des autres usagers de la montagne. Il en est de même des traces de montée faites par les skieurs de randonnée. À la descente, il est toujours possible de grouper les traces pour ne pas ravager les pentes.
De l'état d'esprit et de l'attitude de chaque randonneur dépendent l'image de la raquette et la promotion d'une philosophie bien comprise de la pratique, responsable et respectueuse, pour qu'après avoir gagné succès et popularité la randonnée à raquettes ne perde pas son âme.

Préparation

- Choisissez le secteur selon vos goûts et vos envies, à l'aide du texte d'introduction, en tenant compte des informations précédemment recueillies et de l'indication de la meilleure saison.
- Choisissez un itinéraire en rapport avec vos capacités physiques et vos compétences, et celles de ceux qui vous accompagnent, en tenant compte des informations de dénivelées, distances et horaires.
- En cas d'enneigement, le point de départ peut être différent de celui indiqué.
- Prévoyez des temps de pauses et une marge horaire de sécurité à ajouter à l'horaire global indiqué et déterminez l'heure de départ.
- En plein hiver, du fait de journées courtes, la marge horaire est forcément réduite. Prévoyez des randonnées plus courtes.
- Repérez le secteur et le point de départ.
- Reportez les « points jalons » sur la carte. Tracez ou visualisez l'itinéraire sur la carte.
- Vérifiez la concordance entre le tracé reporté et le descriptif.
- Repérez les passages pouvant poser des difficultés techniques ou d'orientation.
- Repérez les éventuelles possibilités de variantes et/ou de repli.

Équipement

- Utilisez des chaussures étanches, chaudes et suffisamment rigides.
- Soignez l'étanchéité en portant des guêtres ou un système « stop neige ».
- Utilisez des raquettes adaptées à votre taille et votre poids, confortables et possédant une bonne accroche.

Arva, sonde et pelle à neige sont indispensables à la recherche et au secours d'une victime d'avalanche.

- Un sac à dos suffisamment grand et confortable est indispensable.
- Un système de portage des raquettes est souvent utile.
- Des bâtons sont indispensables, les télescopiques sont pratiques s'ils sont de bonne qualité.
- Tenez compte des conditions météo du moment et des prévisions d'évolution.
- La carte IGN au 1 : 25 000 (protégée dans un porte-cartes) mentionnée est indispensable, ainsi qu'une boussole.
- L'altimètre est souvent utile et devient vite indispensable. Le GPS apporte confort et sûreté.
- Habillez-vous de vêtements adaptés à l'effort en montagne.
- Emportez de quoi vous protéger du vent, du froid et de la pluie.
- Ne négligez pas le petit matériel tel que casquette, lunettes, bonnet, gants...
- Protégez efficacement vos affaires dans votre sac à dos.
- Emportez à boire. Une Thermos de boisson chaude est très agréable.
- Emportez des vivres de courses facilement et rapidement assimilables, plutôt qu'un pique-nique.
- Emportez une petite pharmacie.
- Des passages difficiles peuvent nécessiter l'utilisation du piolet ou des crampons ou être infranchissables.
- Dans les terrains où un risque potentiel d'avalanche existe, un ARVA accompagné d'une pelle et d'une sonde seront indispensables au secours en cas d'accident d'avalanche. Entraînez-vous auparavant à utiliser cet appareil.
- Un téléphone portable, même s'il ne passe pas partout, est indispensable.

Comportement

- Partez suffisamment tôt.
- Réglez votre altimètre sur l'altitude du point de départ.
- Démarrez lentement et conservez un rythme régulier sur la totalité du parcours.
- Évitez les arrêts trop fréquents qui nuisent à une bonne progression. Préférez des pauses significatives à des endroits prévus.
- Faites de courts arrêts pour vous hydrater, vous alimenter et adapter votre habillement.
- En groupe, progressez dans la même trace, un peu espacés les uns des autres, obligatoirement à vue.
- Évitez les dévers difficiles.
- Consultez la carte régulièrement pour vous situer, vous orienter, et constater votre progression par rapport aux horaires établis.

- Ne suivez pas des traces sans savoir où elles mènent.
- Ne vous fiez pas au balisage estival qui est rarement adapté au terrain enneigé.
- Soyez attentif aux signes d'évolution météorologique.
- Méfiez-vous de l'arrivée du brouillard.
- Ne vous laissez pas influencer par le comportement d'autres randonneurs.
- Ne vous engagez pas dans un passage délicat où d'autres évoluent.
- Soyez attentif aux signes de fatigue de vos compagnons.

Adaptation

- En cas de passage dangereux, contournez-le, renoncez, ou aménagez-le par une bonne trace ou des marches.
- Dans un passage difficile, il est parfois judicieux de déchausser les raquettes, d'utiliser un piolet ou des crampons.
- Un passage peut être délicat à franchir le matin de bonne heure, et facile lorsque la neige a dégelé… ou inversement.
- Testez la neige en enfonçant votre bâton de ski.
- En cas de vent, évitez les crêtes.
- En cas de chaleur, évitez les combes.
- Conduisez vos randonnées du début à la fin.

ARVA et téléphone portable : intérêt et limite

Un Appareil de Recherche de Victime d'Avalanche permet de détecter des personnes ensevelies, elles-mêmes porteuses d'un tel appareil en position d'émission. C'est le seul moyen efficace de secours en avalanche, car c'est le seul qui permet aux rescapés de localiser rapidement la ou les personnes ensevelies. Il ne donne cependant aucune indication de profondeur. Aussi une sonde et une pelle sont indispensables pour dégager rapidement une victime et lui porter secours.

Il s'agit donc essentiellement d'un appareil de secours, et non d'un appareil de sécurité, tel qu'on le présente trop souvent. Il y a là plus qu'une simple nuance, car il est bien évident que l'ARVA ne trouve son utilité qu'après l'accident d'avalanche : il permet d'en limiter les conséquences, mais n'en supprime pas le risque. Un ARVA doit être porté sous les vêtements, attaché efficacement autour du buste, de façon à ce qu'il ne soit pas arraché. La recherche à l'aide d'un ARVA (en réception) n'est pas difficile, mais demande un entraînement régulier pour se familiariser avec la technique de recherche et acquérir l'assurance et la rapidité qui seront indispensables dans le cas d'une situation réelle.

Il faut bien avoir à l'esprit, qu'une fois la victime dégagée – si elle n'est déjà décédée –, elle est loin d'être sortie d'affaire. Elle souffre généralement de fractures, contusions et d'hypothermie. La rapidité d'évacuation est alors déterminante.

À ce propos, le téléphone portable, même s'il ne « passe » pas partout, est le plus rapide et le plus efficace moyen d'alerter les secours. Que l'on compose le 112 ou le numéro de la gendarmerie locale, la rapidité de communication pourra éviter une très longue attente. Et en matière de secours, la rapidité est un facteur déterminant.

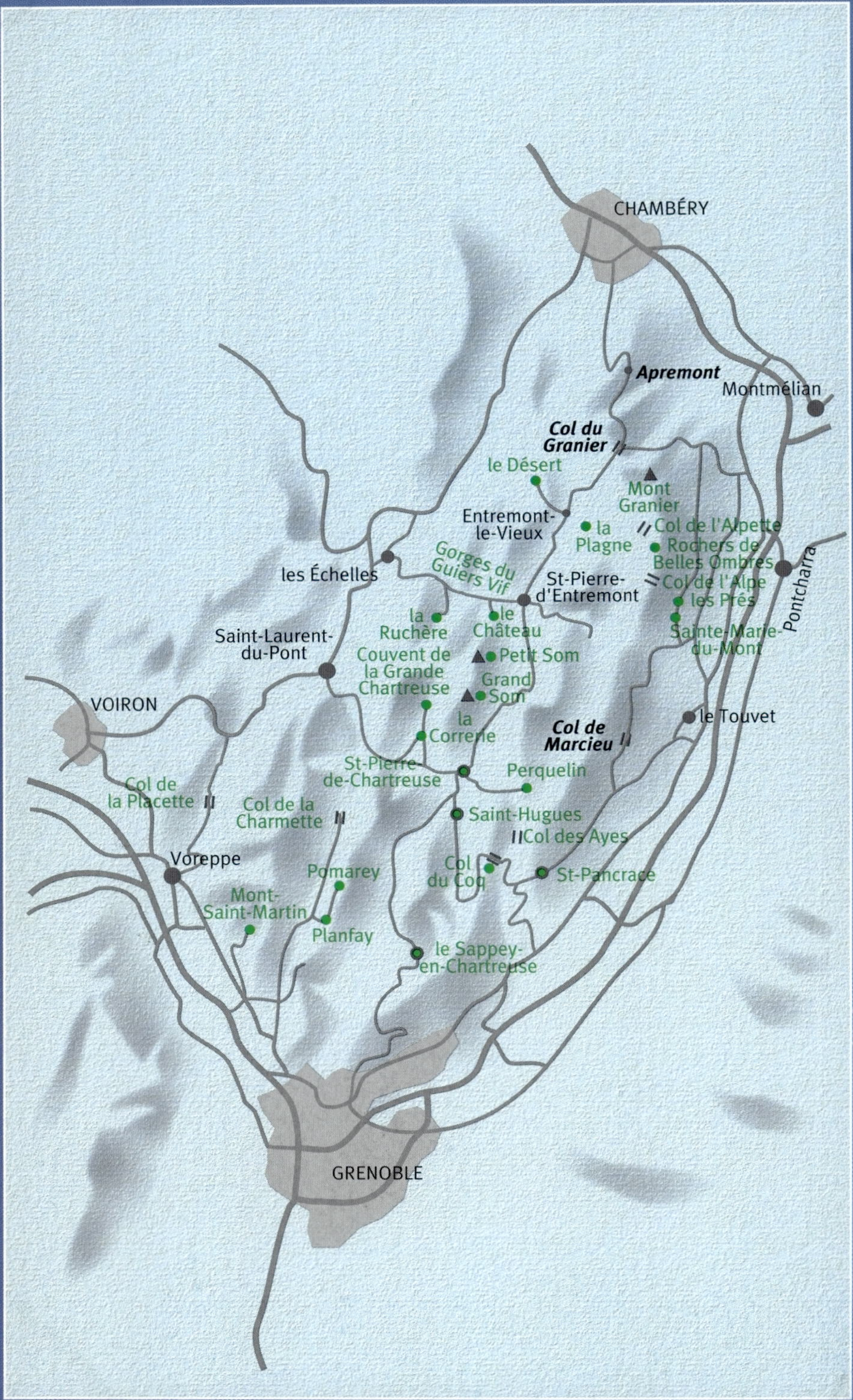

CHAMBÉRY
Apremont
Montmélian
Col du Granier
le Désert
Mont Granier
Entremont-le-Vieux
la Plagne
Col de l'Alpette
Rochers de Belles Ombres
les Échelles
Gorges du Guiers Vif
St-Pierre-d'Entremont
Col de l'Alpe
les Prés
Pontcharra
la Ruchère
le Château
Sainte-Marie-du-Mont
Saint-Laurent-du-Pont
Couvent de la Grande Chartreuse
Petit Som
Grand Som
VOIRON
la Correrie
le Touvet
Col de Marcieu
St-Pierre-de-Chartreuse
Perquelin
Col de la Placette
Col de la Charmette
Saint-Hugues
Col des Ayes
Voreppe
Pomarey
Col du Coq
St-Pancrace
Mont-Saint-Martin
Planfay
le Sappey-en-Chartreuse
GRENOBLE

Chartreuse

itinéraires 01 à 31

Secteur du plateau de l'Alpe – Chartreuse savoyarde

C'est là que l'on tombe amoureux des Hauts-Plateaux de Chartreuse. Parvenu à l'Alpette, on aura le choix entre des belvédères aussi beaux les uns que les autres, offrant des vues autant sur l'intérieur du massif que sur Belledonne ou le mont Blanc. Plus facile d'accès, le col de l'Alpe sera conseillé pour une première visite : la vue n'en est pas moins belle. Finalement assez peu fréquenté, le plateau de l'Alpe offre de nombreuses possibilités aux raquettistes : à vous de combiner les différentes boucles proposées ici.

1 - Le Pinet (1 867 m)

Nov. Déc. Jan. Fév. Mars Avril Mai Juin

Niveau 1 Niveau 2 Niveau 3 Niveau 4

Accès : le col du Granier et Épernay
Départ : La Plagne
Dénivelée : 770 m
Durée : 6 h 00
Distance : 11,5 km
Carte : 3333 OT

Du parking (1 096 m), ⓿, suivre la piste en forêt qui rejoint le chemin venant du hameau ❶. L'itinéraire grimpe en forêt, surmonte quelques rochers par des lacets et conduit par une dernière pente raide au col de l'Alpette (1 547 m) ❷. Poursuivre directement par les pentes boisées en face (sud-est) en dépassant les chalets de l'Alpette. Il faut ensuite obliquer franchement à droite (sud) ❸ pour traverser une courte partie boisée et parvenir à proximité ❹ des ruines des haberts de Barraux vers 1 600 m ❹. Se diriger alors au sud-ouest, vers la droite, pour effectuer une traversée ascendante vers le Pinet. Une dernière pente permet d'atteindre le sommet en évitant quelques rochers ❺. Revenir au nord-est pour rejoindre la crête ❻ puis le sommet (1 867 m) ❼.

Le Pinet, connu pour ses trous de lapiaz, est dangereux en cas de brouillard. Certains de ces trous sont d'ailleurs tout près du sommet. En cas de temps incertain, mieux vaut renoncer.

Les raquettistes entraînés pourront enchaîner en suivant la ligne de crête jusqu'à Fouda Blanc et revenir par le chalet de l'Alpe.

En arrivant au sommet du Pinet, la vue s'étend du mont Blanc aux Sept-Laux.

2 - Rochers des Belles Ombres (1 842 m)

Accès: le col du Granier et Épernay
Départ: La Plagne
Dénivelée: 746 m
Durée: 5 h 30
Distance: 10 km
Carte: 3333 OT

Nov. Déc. Jan. Fév. Mars Avril Mai Juin

Niveau 1 Niveau 2 Niveau 3 Niveau 4

Du parking (1 096 m) ⓿, suivre la piste en forêt qui rejoint le chemin venant du hameau ❶. L'itinéraire grimpe en forêt, surmonte quelques rochers par des lacets et conduit par une dernière pente raide au col de l'Alpette (1 547 m) ❷. Poursuivre directement par les pentes boisées en face (sud-est) en dépassant les chalets de l'Alpette ❸. Repérer des trouées dans la forêt par lesquelles on pourra tracer son itinéraire jusqu'à la crête ❹. On atteint celle-ci en obliquant vers la droite avant de monter plus directement à son point culminant ❺. Pousuivre au sud sur la large crête sommitale en direction du col de l'Alpe ❻, jusqu'à atteindre le vallon qui abrite le col des Belles Ombres. Descendre alors les pentes qui y mènent en obliquant progressivement à droite ❼ pour rejoindre le plateau aux environs des haberts de Barraux (1 650 m). Revenir au col de l'Alpette, plein nord, en visant le Granier, pour retrouver l'itinéraire suivi au départ.

Attention aux lapiaz…

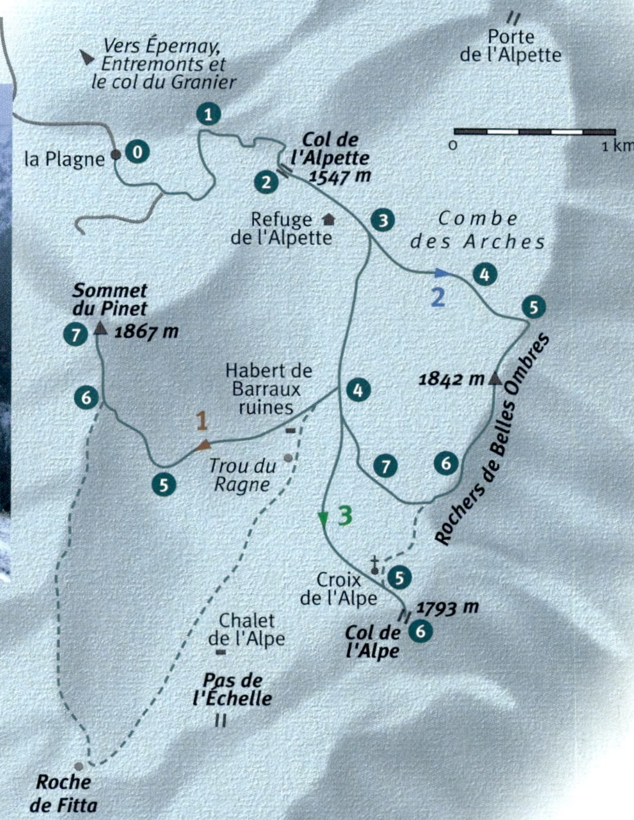

3 - Croix de l'Alpe (1 793 m)

Nov. Déc. Jan. Fév. Mars Avril Mai Juin

Niveau 1 Niveau 2 Niveau 3 Niveau 4

Accès : le col du Granier et Épernay
Départ : La Plagne
Dénivelée : 700 m
Durée : 5 h 00
Distance : 9,5 km
Carte : 3333 OT

Du parking (1 096 m) ⓿, suivre la piste en forêt qui rejoint le chemin venant du hameau ❶. L'itinéraire grimpe en forêt, surmonte quelques rochers par des lacets et conduit par une dernière pente raide au col de l'Alpette ❷. Poursuivre directement par les pentes boisées en face (sud-est) en dépassant les chalets de l'Alpette. Il faut ensuite obliquer franchement à droite ❸ (sud) pour traverser une courte partie boisée et parvenir à proximité ❹ des ruines des haberts de Barraux (1 600 m). Continuer dans la même direction sur 500 mètres avant d'obliquer à gauche en direction d'une bosse qui se trouve être la Croix de l'Alpe ❺. Descendre derrière celle-ci pour atteindre le col de l'Alpe ❻.

À déconseiller en cas de brouillard. À noter, il est possible de descendre par le vallon de Pratcel jusqu'aux Varvat.

En liberté sur la crête des Belles Ombres, au fond à droite le mont Blanc.

Arva et sécurité passive

On l'a déjà dit sous toutes les formes au début de cet ouvrage, l'Arva (et pelle-sonde) est indissociable d'une pratique régulière de la montagne hivernale. Mais le danger, c'est de se croire à l'abri d'un talisman : le premier qui peut vous sauver d'une avalanche ou d'une plaque à vent, ce n'est pas l'Arva, c'est vous. Quand vous décidez de continuer ou non, quand vous décidez de l'endroit où sortir marcher dans la neige malgré le risque 4 ou 5 annoncé par Météo France... Votre jugement, fondé sur votre expérience, est primordial. C'est le prix de la liberté d'aller en montagne : faire preuve de discernement, et parfois, de sagesse.

4 - Grand Manti (1 799 m)

Accès: Saint-Pierre-d'Entremont ou col du Granier et Épernay
Départ: les Varvat
Dénivelée: 760 m
Durée: 5 h 30
Distance: 9,5 km
Carte: 3333 OT

Nov. Déc. Jan. Fév. Mars Avril Mai Juin

Niveau 1 Niveau 2 Niveau 3 Niveau 4

Depuis les Varvat (1 042 m), suivre le chemin qui continue au-delà du hameau ⓿ pour s'enfoncer dans la forêt. On continue sans toutefois gagner beaucoup d'altitude. Puis, le chemin grimpe plus raide une fois sous la roche de Fitta ❶. Après le passage à la fontaine de Ruine Bâton, on accède au bas du vallon de Pratcel et à la bifurcation avec le chemin de Tracarta ❷ que l'on emprunte. La montée se poursuit sous Roche Blanche jusqu'à sortir dans les alpages ❸. Continuer à monter dans l'alpage pour rejoindre le habert de la Dame ❹ (1 565 m). Poursuivre par la crête de l'Alpette, qui monte régulièrement, pour atteindre le sommet ❺ (1 799 m). À la descente, une fois rejoint le habert de la Dame, passer dessous puis bifurquer franchement à droite et entrer dans la forêt. Le chemin descend ❻, puis traverse à niveau en passant au-dessus de Roche Blanche. Une descente conduit au vallon de Pratcel, que l'on descend (à gauche) pour rejoindre les Varvat.

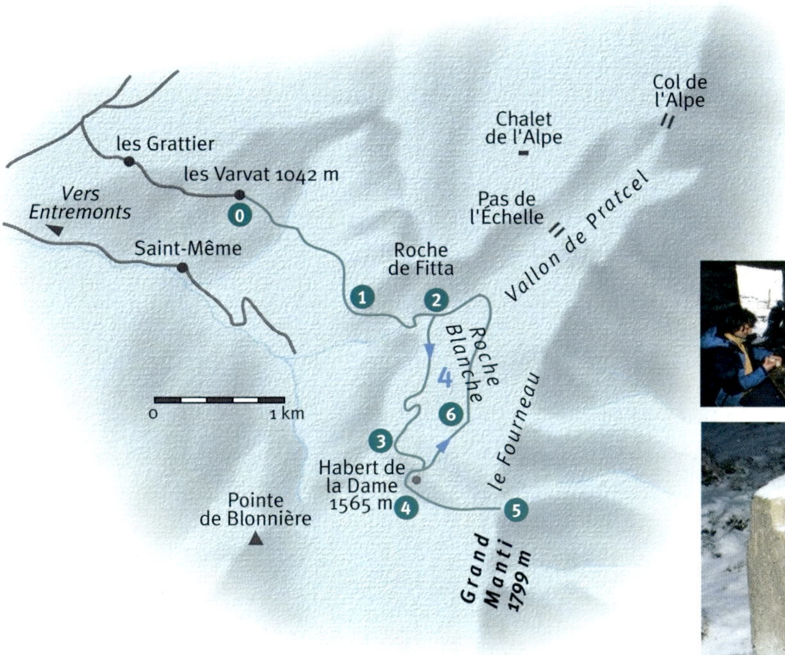

En haut: pause au habert de la Dame.
En bas: la borne marquant la frontière entre Piémont (croix de Savoie) et royaume de France (lys).

Moon Boots partie

8 heures, un parking de Chartreuse. Un homme s'équipe et part rapidement, les raquettes sous le bras. Quelle n'est pas ma surprise de le voir chaussé de... Moon Boots! Absence totale de tenue de la cheville, aucune adhérence de la semelle à peu près lisse (en témoignent ses traces dans la neige), sans parler d'une étanchéité toute relative... Un comportement aberrant et imbécile, d'autant que l'épaisseur de ladite Boot ne doit pas favoriser la tenue de la fixation de la raquette. Les Moon Boots, c'est fait pour frimer en station, pas pour randonner en montagne.

Secteur des Déserts d'Entremonts

Les Déserts d'Entremonts fourmillent d'itinéraires balisés : un secteur parfait pour la raquette familiale, avec un sommet très abordable, la Cochette, praticable même dans des conditions météo difficiles, sans danger. Que demander de mieux ?

5 - Pointe de la Cochette (1 618 m)

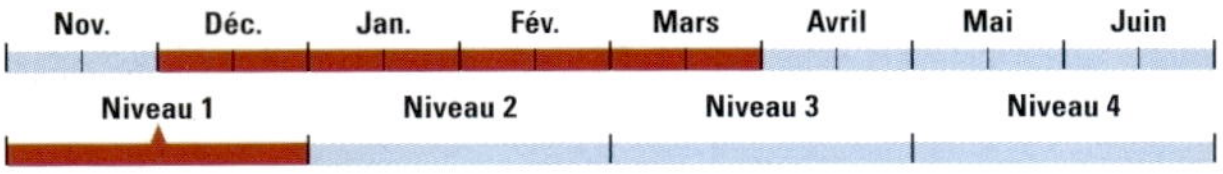

Accès : Épernay ou Corbel
Départ : les Bruyères (le Désert).
Dénivelée : 420 m
Durée : 3 h 00
Distance : 7 km
Carte : 3333 OT

Démarrer à gauche du téléski (1 200 m) ⓿ en suivant la lisière de la forêt. Continuer ensuite sur la trace du chemin d'été ❶ qui monte dans celle-ci puis débouche dans un petit vallon. Le traverser tout droit ❷ pour suivre la trace qui monte au col du Grapillon ❸ (1 505 m). Bifurquer à gauche pour suivre la ligne de crête boisée, et atteindre la Cochette ❹ (1 618 m).

Il existe de nombreux itinéraires balisés pour la raquette dans le secteur des Déserts d'Entremonts. La montée à la Cochette reste l'un des plus intéressants, avec le tour du mont Outhéran, tout proche.

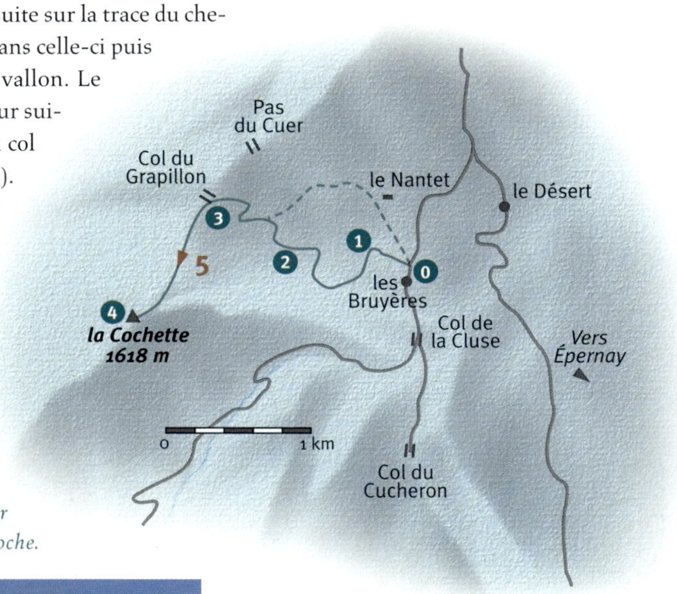

La Cochette vue depuis la Ruchère.

Balisage et damage

Si la récente prolifération d'itinéraires balisés autour des villages de montagne est une bonne chose – et d'ailleurs plusieurs de ces itinéraires sont présentés ici –, il n'en va pas de même pour les itinéraires damés. En général, un tour de skidoo marque le damage de l'itinéraire. Quel en est l'intérêt ? Bien balisé, un sentier d'hiver ne reste aujourd'hui guère longtemps sans traces. La raquette ayant été développée dans le but de découvrir la marche dans la neige hors des pistes, quel est le sens de marcher sur un chemin damé avec des raquettes ?

L'église de la Ruchère.

Secteur de la Ruchère

La Ruchère, c'est « l'autre Chartreuse ». Secrète, elle recèle de merveilleuses découvertes, sans oublier le plus important : une quantité de neige en général supérieure, à altitude égale. Car c'est en effet le flanc le plus arrosé de la Chartreuse. En outre, l'orientation de ces randonnées, sur des versants nord, est la garantie d'une bonne poudreuse, de celles qui durent longtemps après une chute de neige. Attention toutefois au risque d'avalanche, souvent marqué dans ce secteur.

6 - Crête de l'Aliénard (1 560 m)

Nov. | Déc. | Jan. | Fév. | Mars | Avril | Mai | Juin

Niveau 1 | Niveau 2 | Niveau 3 | Niveau 4

Accès : la Ruchère
Départ : habert des anciennes pistes de ski alpin (vallon de la Charmette)
Dénivelée : 500 m
Durée : 4 h 00
Distance : 8 km
Carte : 3333 OT

Le parking se situe au niveau du Habert ⓿. Revenir un peu sur ses pas pour trouver à gauche, versant ouest, le départ du chemin ❶. Suivre celui-ci ; il grimpe dans la forêt et continue à flanc de montagne. Dépasser l'oratoire Teste de Lavines pour atteindre pré Gervet ❷. Traverser le pré puis prendre à droite le chemin qui se dirige au nord ❸ vers le Tracol. Par une marche à flanc, atteindre le Tracol (1 445 m) ❹. Redescendre un peu sur l'autre versant et poursuivre plein sud pour atteindre un vallon. Le remonter pour arriver au col de l'Aliénard (1 450 m) ❺. Remonter à vue la pente à gauche pour atteindre la crête de l'Aliénard (1 560 m) ❻.

Le cheminement est aussi varié que la vue, splendide, sur le Petit et le Grand Som. Le petit alpage de l'Aliénard est, de notre très subjectif point de vue, l'un des plus beaux de Chartreuse.

L'alpage de l'Aliénard, le temps suspend son vol !

Accès : la Ruchère
Départ : habert des anciennes pistes de ski alpin (vallon de la Charmette)
Dénivelée : 670 m
Durée : 4 h 30
Distance : 7,5 km
Carte : 3333 OT

7 - Petit Som (1 772 m)

Nov. | Déc. | Jan. | Fév. | Mars | Avril | Mai | Juin

Niveau 1 | Niveau 2 | Niveau 3 | Niveau 4

Le habert au départ de la balade, au fond le Petit Som.

Le parking se situe au niveau du Habert ⓿. Remonter ❶ sur les anciennes pistes de ski jusqu'à leur sommet. S'élever ❷ alors au nord-est pour franchir la barre rocheuse des Balmettes. Atteindre un replat ❸ et remonter le vallon de Léchaud, d'abord dans les forêts puis dans les alpages jusqu'au col de Léchaud (1 704 m) ❹. Gravir à gauche (ouest) une croupe pour atteindre l'arête sommitale du Petit Som. Le sommet se trouve un peu plus haut à droite, ❺.

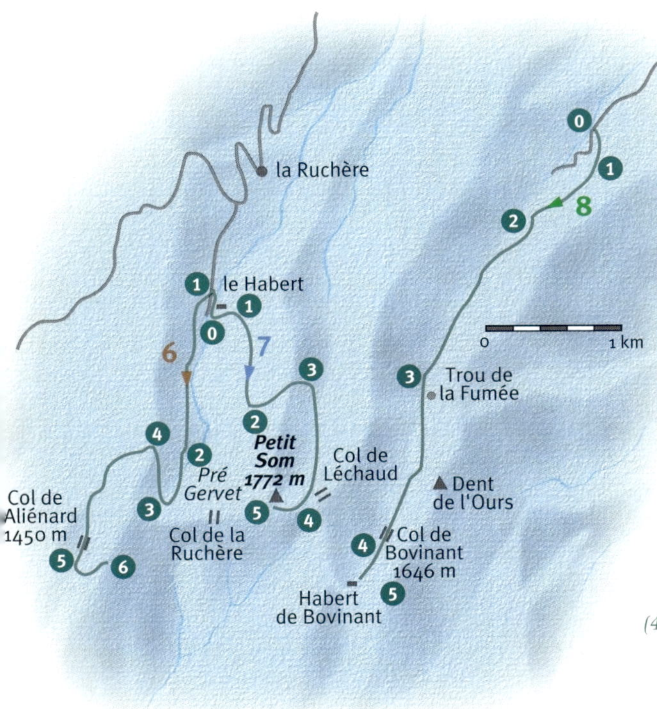

Magnifique sommet, ce Petit Som n'est pas facile pour autant, et il faut se méfier des dangers de coulées sur ces versants nord, souvent chargés de neige non stabilisée, notamment sous la crête des Balmettes. Pour ceux qui seraient tentés par l'ascension directe (ouest) depuis le col de la Ruchère, sachez que le couloir est raide (45°) et exposé aux corniches.

8 - Col de Bovinant (1 646 m)

Nov. Déc. Jan. Fév. Mars Avril Mai Juin

Niveau 1 Niveau 2 Niveau 3 Niveau 4

Accès: Saint-Pierre-d'Entremont
Départ: le Château
Dénivelée: 700 m
Durée: 4 h 30
Distance: 8 km
Carte: 3333 OT

Suivre la route ⓿ non déneigée et, à proximité de la grange Jacquet, prendre un chemin à gauche ❶ qui rejoint la piste forestière plus haut, et devient un chemin. À 1 200 m, laisser le sentier d'été à gauche et poursuivre dans le vallon ❷. Vers 1 350 m, remonter le talweg en faisant un détour de gauche à droite pour éviter les pentes raides du Trou de la Fumée ❸. Sortir de la forêt vers 1 520 m pour rejoindre au sud le col de Bovinant ❹ et son habert ❺.

La variante du sentier d'été décrite ici est plus pratique à suivre en hiver. Monotone, la montée est toutefois récompensée par les alpages de Bovinant, sous la face ouest du Grand Som. Les plus courageux peuvent poursuivre jusqu'au col de Mauvernay 1 774 m (ne pas descendre le versant sud de ce col). Enfin, il est possible d'enchaîner sur le sérieux Grand Som, itinéraire n° 12.

En vue du col de l'Aliénard.

Depuis la crête de l'Aliénard, vue sur le Grand Som (au milieu), le col de Bovinant est à gauche.

Secteur de Saint-Pierre-de-Chartreuse – La Correrie

Haut lieu du ski nordique, la station propose également des itinéraires raquettes balisés qui conviendront parfaitement aux débutants. Pour sortir des sentiers battus, allez donc au sommet de Charande et profitez d'un parcours de crête et d'un panorama exceptionnel.

9 - Belvédère des Rochers d'Arpison (1 480 m)

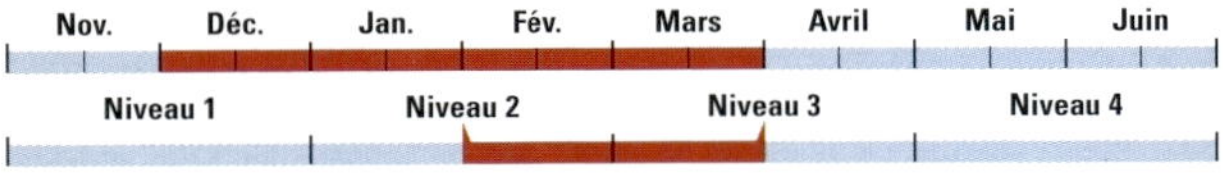

Accès : Saint-Pierre-de-Chartreuse
Départ : la Correrie (musée et parking du couvent de la Grande Chartreuse)
Dénivelée : 850 m
Durée : 5 h 30
Distance : 12 km
Carte : 3334 OT

Aller jusqu'au pont des Allemands (813 m) ⓿. Suivre la route qui mène au couvent de la Grande Chartreuse ❶ et poursuivre dans la même direction par une piste conduisant à Notre-Dame de Casalibus. Avant celle-ci, à 1 080 m, prendre à gauche ❷ le chemin du Pavé conduisant au habert de Billon. D'abord plein nord, il oblique au sud-ouest et passe entre deux rochers avant de rejoindre le habert (1 266 m) ❸. Suivre le chemin au sud-ouest (et non pas celui qui descend au sud) pour monter au col d'Arpison par la prairie de la Cerna. Remonter celle-ci pour gagner le col d'Arpison (1 489 m) ❹. Descendre au

Fontaine dans la prairie du col de la Ruchère.

nord-ouest vers la prairie d'Arpison en tirant rapidement à gauche (pour éviter un énorme trou) et remonter la prairie à gauche (sud-ouest) jusqu'à son point le plus élevé. Obliquer à droite pour atteindre rapidement le belvédère des Rochers d'Arpison ❺. Revenir par le même itinéraire jusqu'au habert de Billon, puis revenir ❻ au couvent par la piste d'alpage.

La montée au col d'Arpison, et au-delà, est plus difficile que le reste, aussi les raquettistes qui préfèrent une version plus courte et surtout plus facile de cette balade s'arrêteront au habert de Billon, ou à la Cerna.

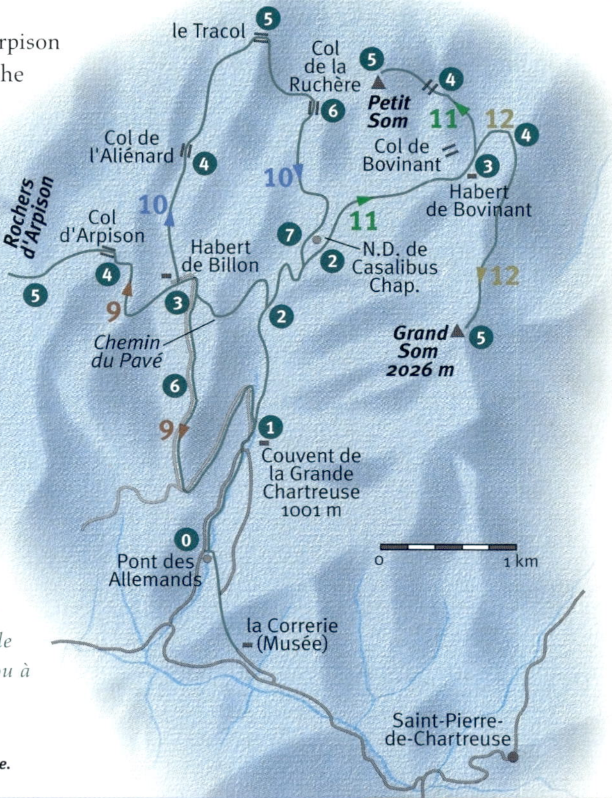

À gauche, le couvent de la Grande Chartreuse.
À droite, Notre-Dame de Casalibus.

Au sommet du Petit Som.

10 - Les Trois Cols (1 550 m)

Nov. | Déc. | Jan. | Fév. | Mars | Avril | Mai | Juin

Niveau 1 | Niveau 2 | Niveau 3 | Niveau 4

Accès : Saint-Pierre-de-Chartreuse
Départ : la Correrie (musée et parking du couvent de la Grande Chartreuse)
Dénivelée : 800 m
Durée : 6 h 00
Distance : 12 km
Cartes : 3334 OT et 3333 OT

Aller jusqu'au pont des Allemands (813 m) ⓿. Suivre la route qui mène au couvent de la Grande Chartreuse ❶ et poursuivre dans la même direction par une piste conduisant à Notre-Dame de Casalibus. Avant celle-ci, à 1 080 m, prendre à gauche ❷ le chemin du Pavé conduisant au habert de Billon. D'abord plein nord, il oblique au sud-ouest et passe entre deux rochers avant de rejoindre le habert (1 266 m) ❸. Monter plein nord en suivant la trace d'un sentier d'été pour atteindre le col de l'Aliénard (1 550 m) ❹. Descendre dans le vallon qui fait suite et suivre à droite le chemin qui remonte légèrement au Tracol (ou col de la Morte, 1 445 m) ❺. Basculer versant est et poursuivre à flanc plein sud avant de remonter brièvement au col de la Ruchère (1 407 m) ❻. Descendre la prairie du Col puis suivre dans la forêt un chemin qui fait une boucle à gauche (est) avant de rejoindre Notre-Dame de Casalibus ❼, d'où l'on rejoint rapidement le chemin de montée et le couvent.

Belle boucle classée « course d'initiation au ski de randonnée », les Trois Cols sont une randonnée à ne pas sous-estimer, en matière d'orientation notamment. Ceux qui veulent raccourcir cette balade peuvent couper par la prairie de la Folie, passage direct entre le habert de Billon et le col de la Ruchère, et même éviter d'aller à celui-ci en passant vers les ruines. Quant aux courageux, ils peuvent profiter, depuis le col de l'Aliénard, de la proximité de la crête pour y monter.

11 - Le Petit Som depuis le couvent (1 772 m)

Nov. Déc. Jan. Fév. Mars Avril Mai Juin

Niveau 1 Niveau 2 Niveau 3 Niveau 4

Accès: Saint-Pierre-de-Chartreuse
Départ: la Correrie (musée et parking du couvent de la Grande Chartreuse)
Dénivelée: 960 m
Durée: 6 h 00
Distance: 14 km
Cartes: 3334 OT et 3333 OT

Aller jusqu'au pont des Allemands (813 m) ⓿. Suivre la route qui mène au couvent de la Grande Chartreuse ❶ et poursuivre dans la même direction par une piste conduisant à Notre-Dame de Casalibus. Juste avant la chapelle, prendre un chemin ❷ à droite qui monte rapidement, puis part à droite dans des pentes assez raides direction est-nord-est. À la sortie de la forêt, vers 1 550 m, on atteint le habert ❸ puis le col de Bovinant. Continuer en ascendance à gauche pour franchir la crête des Roches Rousses ❹ (passage aisé entre les rochers) et traverser pour rejoindre la combe du Petit Som. Remonter la croupe qui mène au sommet ❺.

Il est possible de monter directement dans la combe du Petit Som en passant sous la crête des Roches Rousses et sans passer par Bovinant: à la sortie de la forêt, il faut alors obliquer à gauche puis descendre quelques mètres pour récupérer la combe. Plus rapide, ce passage est beaucoup plus exposé aux risques de coulées.

12 - Grand Som (2 026 m)

Nov. Déc. Jan. Fév. Mars Avril Mai Juin

Niveau 1 Niveau 2 Niveau 3 Niveau 4

Accès: Saint-Pierre-de-Chartreuse
Départ: la Correrie (musée et parking du couvent de la Grande Chartreuse)
Dénivelée: 1 210 m
Durée: 7 h 00
Distance: 18 km
Cartes: 3334 OT et 3333 OT

Aller jusqu'au pont des Allemands (813 m) ⓿. Suivre la route qui mène au Couvent de la Grande Chartreuse ❶ et poursuivre dans la même direction par une piste conduisant à Notre-Dame de Casalibus. Juste avant la chapelle, prendre un chemin ❷ à droite qui monte rapidement, puis part à droite dans des pentes assez raides direction est-nord-est. À la sortie de la forêt, vers 1 550 m, on atteint le habert de Bovinant ❸ (1 630 m). Continuer plein nord jusqu'aux abords du col puis revenir à droite ❹ au-dessus du habert en franchissant deux barres rocheuses (passage raide et exposé). On atteint ainsi la ligne de crête que l'on suit jusqu'à la croix du sommet (2 026 m) ❺.

Un itinéraire grandiose, à la dénivelée conséquente, à réserver aux raquettistes confirmés et habitués aux pentes raides. Mieux vaut en effet prendre une paire de crampons et un piolet au cas où le passage difficile au-dessus de Bovinant soit en neige dure, ce qui arrive fréquemment à cause du vent qui balaye les crêtes.

Le Grand Som.

Secteur de Saint-Pierre-de-Chartreuse Est – Perquelin

Saint-Pierre, c'est le cœur de la Chartreuse. Au programme, de belles randonnées au départ de Perquelin, la « petite Sibérie » de Chartreuse où l'on est presque sûr de trouver de la poudreuse, mais aussi des balades balisées aux alentours du village de Saint-Pierre, idéales pour profiter de l'hiver en famille.

13 - Col de la Saulce – Épaule de la Scia (1 791 m)

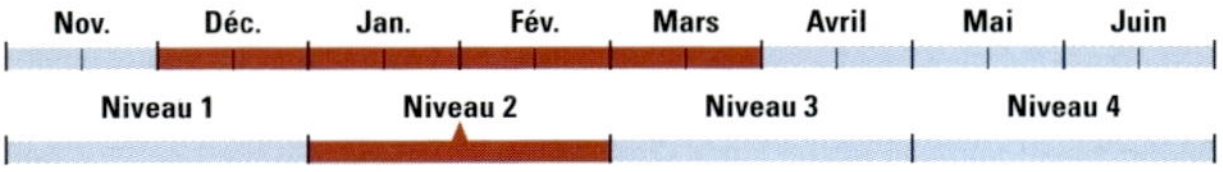

Accès : Saint-Pierre-de-Chartreuse
Départ : Perquelin
Dénivelée : 815 m
Durée : 5 h 00
Distance : 8,5 km
Carte : 3334 OT

Partir sur la route forestière rive gauche de la Saulce ⓿. À un embranchement, suivre la piste qui monte en forêt ❶. Laisser à droite deux chemins pour passer en rive droite du ruisseau ❷. Remonter le vallon de la Saulce. Vers 1 300 m, tirer à droite ❸ pour rejoindre le col de la Saulce en franchissant une zone déboisée sous le crêt de Loirard. Atteindre le col de la Saulce (1 481 m) ❹. Pour monter à la Scia, ne pas rejoindre le col mais, au niveau ❸, tirer tout droit (nord, ❹bis) pour rejoindre l'épaule boisée à gauche (ouest) du crêt de Loirard. Traverser une clairière ❺ à 1 494 m en son point le plus bas et monter dans la forêt. Vers 1 600 m, sortir de celle-ci et remonter la dernière pente assez soutenue pour atteindre la crête sommitale un peu à gauche de la croix du sommet (1 791 m) ❻.

Il s'agit bien de deux versions d'une même balade : la version courte jusqu'au col de la Saulce (compter 3 h 30 au total), à l'abri des coulées en forêt, sera une bonne option en cas de journée « à risque marqué », tandis que la version longue, jusqu'à l'épaule de la Scia, est à garder pour les conditions stables (niveau 3). La dernière pente étant orientée à l'est, on conseillera pour cette option un départ (très) matinal.

Sur la crête de la Scia, vue sur les Lances de Malissard et le col de Bellefond (à droite).

14 - Habert des Ayes (1 481 m)

Accès : Saint-Pierre-de-Chartreuse
Départ : Perquelin
Dénivelée : 630 m
Durée : 4 h 00
Distance : 8 km
Carte : 3334 OT

Nov. | Déc. | Jan. | Fév. | Mars | Avril | Mai | Juin

Niveau 1 | Niveau 2 | Niveau 3 | Niveau 4

Une fois garé à Perquelin (978 m), revenir sur ses pas ⓿ pour prendre à gauche (sud) une piste forestière puis un chemin qui monte en lacets faciles dans la forêt ❶. On peut aussi monter en terrain découvert à gauche et revenir chercher le chemin dans la forêt en haut à droite. Continuer à remonter le flanc droit (rive gauche) de ce vallon en laissant à gauche ❷ le chemin du Trou du Glas. Monter à la limite de la zone boisée à droite pour atteindre le col des Ayes (1 538 m) ❸. Basculer sur l'autre versant et rester à peu près au même niveau en tirant à gauche pour rejoindre le habert des Ayes (1 481 m) ❹.

La longue montée dans l'ombre et souvent en bonne poudreuse sera récompensée par l'arrivée au soleil au col des Ayes, après avoir longé les parois ouest de la dent de Crolles. Attention à l'éventuelle corniche qui se forme parfois au col des Ayes. Quant à la montée directe au roc d'Arguille, à droite, la pente raide et exposée aux coulées la réserve aux raquettistes aguerris. Balade très variée, du « frigo » de Perquelin jusqu'aux alpages lumineux du col des Ayes.

Perquelin, la petite Sibérie de Chartreuse...

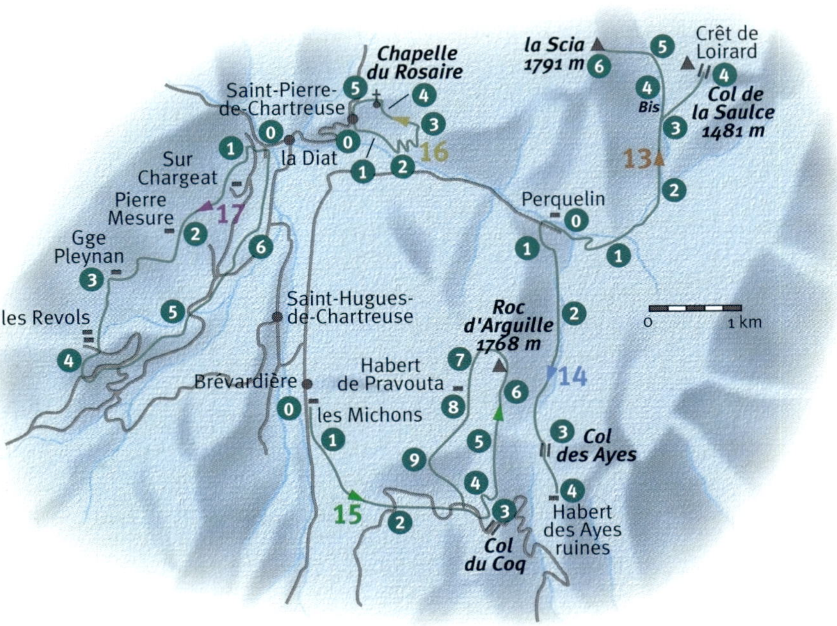

La dent de Crolles (et le pas de l'Œille) depuis le roc d'Arguille.

15 - Roc d'Arguille (1 768 m)

Nov.	Déc.	Jan.	Fév.	Mars	Avril	Mai	Juin

Niveau 1	Niveau 2	Niveau 3	Niveau 4

Accès : Saint-Pierre-de-Chartreuse
Départ : Saint-Hugues-de-Chartreuse, Brévardière, les Michons
Dénivelée : 920 m
Durée : 6 h 00
Distance : 10 km
Carte : 3334 OT

Démarrer en suivant la route non déneigée du col du Coq ⓿. Peu après, tourner dans un pré à gauche ❶ et prendre un chemin à gauche qui monte dans la forêt. Continuer à monter au sud-est en laissant à gauche deux chemins. Plus haut, prendre le chemin qui monte à gauche et coupe la route du col du Coq ❷. Suivre la route à gauche quelques instants avant de prendre, à droite, un sentier, raccourci qui recoupe la route plus haut. Suivre la route sur 100 m, puis laisser à droite la piste qui va à l'Émeindras et monter au mieux dans les prairies sous le col et la station de ski (fermée). Juste avant le col, prendre à gauche ❸ le chemin d'alpage qui mène au habert de Pravouta. Bien avant celui-ci, on rencontre une bifurcation avec un chemin qui monte à droite (non marqué sur IGN). Le prendre ❹. Il conduit sur l'arête sud du roc d'Arguille. Parvenir sur une première bosse (1 760 m) ❺, puis, après une brève descente, remonter en face un peu à gauche pour atteindre le sommet (1 768 m) ❻. Descendre d'abord au nord-ouest puis prendre à gauche un couloir plus raide pour rejoindre les prairies ❼. Obliquer encore à gauche (sud) pour arriver au habert de Pravouta (1 605 m) ❽. Continuer plein sud puis descendre sud-ouest dans une trouée pour atteindre une piste ❾ qui ramène à gauche à l'itinéraire de montée.

Il y a bien sûr de nombreuses variantes possibles sur cet itinéraire, le terrain étant très propice à la raquette. Méfiance toutefois sur le versant ouest du roc d'Arguille, truffé de barres : il faut bien aller au nord avant de descendre. Enfin, il existe un autre itinéraire prisé des skieurs : la montée directe du versant ouest depuis le bas ; départ par Majeure, puis Plat Ferrier (plus difficile, donc).

Accès: Saint-Pierre-de-Chartreuse
Départ: centre-ville, devant le bureau de poste de Saint-Pierre
Dénivelée: 110 m
Durée: 1 h 00
Distance: 2 km
Carte: 3334 OT

16 - Chapelle du Rosaire (1 000 m)

Nov. Déc. Jan. Fév. Mars Avril Mai Juin

Niveau 1 Niveau 2 Niveau 3 Niveau 4

L'itinéraire balisé ⓿ suit d'abord la route ❶ qui mène à Perquelin sur 500 m. Emprunter à gauche un chemin ❷ qui monte en lacet. S'élever dans la forêt avant de continuer plein nord. À une bifurcation, laisser le chemin qui monte à droite pour prendre celui de gauche ❸ en traversée. Une dernière petite montée permet d'atteindre la chapelle du Rosaire (1 000 m) ❹. Descendre en longeant les abords des pistes de ski alpin ❺ pour revenir au village.

Ce parcours très bien balisé fait partie des itinéraires dédiés à la raquette aménagés par la commune. L'occasion de visiter cette belle chapelle, et d'admirer au cours de la balade, le village de Saint-Pierre-de-Chartreuse et ses environs, notamment le majestueux Grand Som.

La chapelle du Rosaire.

17 - Pierre Mesure (Pleynan, 1 150 m)

Accès: Saint-Pierre-de-Chartreuse
Départ: la Diat, en bas du village, parking près du Guiers Mort
Dénivelée: 360 m
Durée: 4 h 00
Distance: 9 km
Carte: 3334 OT

Nov. Déc. Jan. Fév. Mars Avril Mai Juin

Niveau 1 Niveau 2 Niveau 3 Niveau 4

L'itinéraire est entièrement balisé. Depuis la Diat ⓿, prendre la petite route qui monte au hameau de Sur Chargeat. Après un virage au départ, elle décrit un lacet à gauche. Quitter la route et prendre immédiatement à droite le chemin ❶ qui sort rapidement des bois pour monter sur une croupe dénudée. Atteindre les hauteurs du hameau de Sur Chargeat puis continuer au sud-ouest sur une piste qui mène à la grange de Frettevielle puis à Pierre Mesure (1 081 m) ❷. Poursuivre cette marche à flanc pour gagner les granges Pleynan (1150 m) ❸ puis rejoindre la route au hameau des Revols ❹. Ne pas descendre à gauche mais prendre à droite et, dans le virage suivant, tourner à gauche sur une piste qui coupe la route un peu plus loin. Continuer à flanc au-dessus de la RD 512 et la rejoindre aux Marrons ❺. Marcher sur la route jusqu'à la Martinière, prendre à gauche et rentrer à la Diat par le chemin balisé ❻.

De nombreuses granges à l'architecture traditionnelle émaillent cette jolie boucle où alternent sous-bois et prairies. Cette balade est très bien balisée (petits panneaux au logo « raquettes » jaune et rouge) comme quatre autres itinéraires autour de Saint-Pierre (cf. it. précédent) que l'on peut retrouver sur une plaquette éditée par l'office de tourisme de Saint-Pierre.

Secteur du col du Coq

Le col du Coq est l'un des plus hauts lieux de Chartreuse accessibles en voiture l'hiver. C'est pourquoi il faut s'attendre à la foule certains dimanches de février. Le secteur n'en reste pas moins magnifique, avec un petit sommet, le roc d'Arguille, autour duquel il est facile de faire de petites balades à la demi-journée, sous l'œil de la dent de Crolles.

Le habert de Pravouta blotti dans l'alpage. Au fond, le Grand Som.

18 - Habert de Pravouta (1 605 m)

Nov. Déc. Jan. Fév. Mars Avril Mai Juin

Niveau 1 Niveau 2 Niveau 3 Niveau 4

Accès : route de Grenoble - Saint-Pancrasse (D 30)
Départ : col du Coq, 1 434 m
Dénivelée : 180 m
Durée : 2 h 30
Distance : 4 km
Carte : 3334 OT

Depuis le col ⓿, suivre la route enneigée qui descend de l'autre côté. Dans le premier virage, prendre la large piste qui monte droit dans la forêt ❶. Ne pas prendre à droite à la première bifurcation, mais continuer sur le même chemin qui sort ensuite de la forêt ❷. Remonter au nord-est cette prairie pour gagner un replat vers 1 600 m. Atteindre facilement le habert de Pravouta (1 605 m) ❸.

Classique parmi les classiques, cette balade permet de raquetter par toutes les conditions puisque les risques d'avalanches dans cette zone sont très faibles. On peut bien sûr corser à loisir la sortie en montant sur la bosse cotée 1 760 m à droite (est) ou bien en suivant l'arête sud du roc d'Arguille jusqu'à celui-ci (voir itinéraire 15). C'est aussi un merveilleux endroit pour passer une fin de journée d'hiver… sans trop tarder pour la descente !

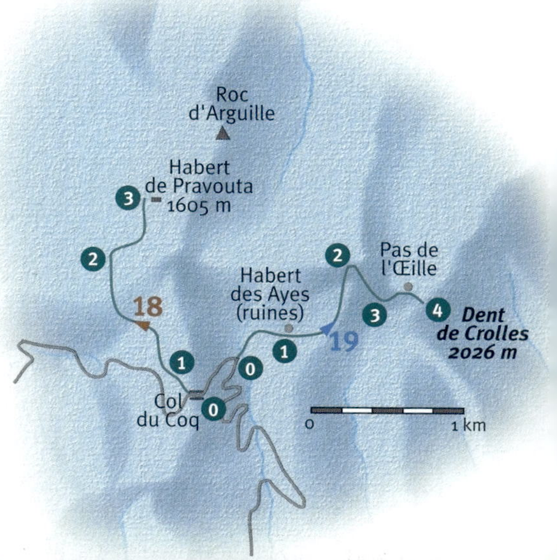

Accès: route de Grenoble - Saint-Pancrasse (D 30)
Départ: col du Coq, 1 434 m
Dénivelée: 680 m
Durée: 5 h 00
Distance: 4,5 km
Carte: 3334 OT

19 - Dent de Crolles (2 062 m)

Nov.	Déc.	Jan.	Fév.	Mars	Avril	Mai	Juin

Niveau 1	Niveau 2	Niveau 3	Niveau 4

Descendre sur la route pour prendre le chemin ⓿ vers 1 400 m qui monte au col des Ayes. Ne pas le continuer, mais monter au habert des Ayes ❶ en tirant à droite en sortant de la forêt. Remonter la large pente ouest sous la dent de Crolles en se tenant éloigné du grand ravin. Atteindre les rochers ❷ et traverser à droite (exposé, délicat) jusqu'à rejoindre le pied d'un couloir ❸ que l'on gravit sur 150 m (passage à 40°) : le pas de l'Œille. Ce couloir débouche sur la crête sommitale, à 2 026 m, à gauche du sommet. Rejoindre celui-ci ❹.

Avertissement : la dent de Crolles n'est présentée dans ces pages que pour ceux qui sont tentés par une traversée des Hauts-Plateaux (cf. p. 60). L'itinéraire, raide et très exposé (les chutes sont interdites au-dessus du grand ravin), est à conseiller en fin d'hiver, quand la neige est bien stabilisée. Bien souvent on montera en crampons au lieu des raquettes, la neige étant gelée. Crampons et piolet obligatoires, corde conseillée pour ceux qui n'ont pas d'expérience de l'alpinisme. Enfin, la descente par cet itinéraire demande la plus grande prudence.

Sous le pas de l'Œille, Chamechaude à l'arrière plan.

Au sommet de la dent de Crolles, avec le mont Blanc (à droite).

Secteur de Sainte-Marie-du-Mont

Déjà en été, rares sont les passages aisément praticables sur le rebord oriental des Hauts-Plateaux, constitué de hautes parois calcaires. En hiver, seul l'itinéraire présenté ici, et qui mène au col de l'Alpe, présente un caractère abordable pour le raquettiste qui veut atteindre les Hauts-Plateaux. Le panorama sur les Alpes du Nord, du mont Blanc aux Sept-Laux, est grandiose.

20 - Le col de l'Alpe versant est (1 793 m)

Nov. | Déc. | Jan. | Fév. | Mars | Avril | Mai | Juin

Niveau 1 | Niveau 2 | Niveau 3 | Niveau 4

Accès : Sainte-Marie-du-Mont, par Montalieu (le Touvet) ou le col de Marcieu
Départ : les Prés.
Dénivelée : 860 m
Durée : 5 h 00
Distance : 10 km
Carte : 3333 OT

Du parking de l'auberge (934 m) ⓿, prendre, un peu avant, la route de pré Orcel. La quitter très rapidement pour prendre la trace d'un chemin à gauche ❶ qui monte en diagonale (au nord-ouest) à travers champs, puis dans la forêt. Rejoindre la route ❷ vers pré Orcel (parking d'été, 1 405 m), puis continuer à monter pour atteindre la cabane de l'Allier (1 550 m) ❸. Le chemin bifurque au sud et file en balcon sous les rochers de Belles Ombres. Une série de lacets ❹ permet de gagner le col de l'Alpe (1 793 m) ❺. La Croix de l'Alpe (1 821 m) est toute proche.

Si la neige dissimule complètement la trace du sentier qui coupe en diagonale la route jusqu'à pré Orcel, mieux vaut rester sur celle-ci.
À savoir également : c'est le type même de balade qui nécessite un départ très matinal, étant donné son orientation est. Enfin, une solution consiste à faire cette rando quand la route de pré Orcel est déneigée (en fin d'hiver). La première partie de la montée sera vite avalée, et les raquettes éviteront de s'enfoncer plus haut dans la neige de printemps.

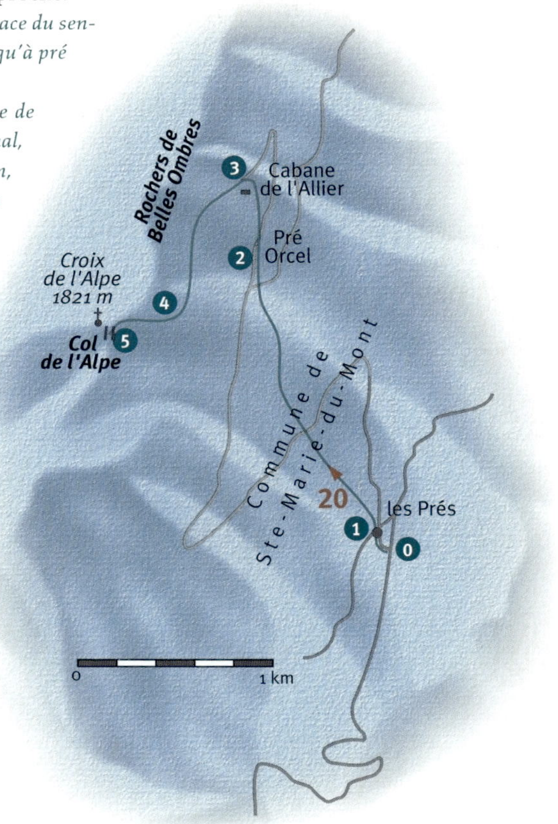

Traces et courtoisie

Cela fait deux heures que vous montez dans cette forêt, marchant allégrement sur les traces de ski de rando laissées la veille, quand un skieur vous double en maudissant ces raquettistes qui ne respectent pas la trace... Laissez dire ! Primo, la montagne appartient à tout le monde. Secundo, il peut en faire une autre, de trace, si la vue des traces de raquettes l'horripile. Tertio, n'abusez pas non plus de votre côté... En chemin forestier, il est difficile de faire deux traces distinctes, alors que dans une large pente découverte les traces de ski et de raquettes sont rarement les mêmes... puisque les techniques de montée diffèrent : grands lacets pour les skieurs, petits virages plus resserrés, trace parfois directe pour le raquettiste.

Secteur du col de Porte

Souvent bien enneigé, le col de Porte livre l'accès à un paradis de la raquette : la crête boisée de la Balme de l'Air et les grandes étendues blanches du Charmant Som. Vous ne serez certainement pas les seuls à en profiter, mais ces balades ne sont pas classiques sans raison, et la beauté des lieux fera le reste. En cas de brouillard, attention, il est facile de se perdre du côté du Charmant Som, et, pour arrondi qu'il soit, son sommet est à moitié entouré de barres rocheuses.

21 - Crête de Montfromage – Balme de l'Air (1 703 m)

Nov. Déc. Jan. Fév. Mars Avril Mai Juin

Niveau 1 Niveau 2 Niveau 3 Niveau 4

Accès : Le Sappey-en-Chartreuse
Départ : col de Porte 1 326 m
Dénivelée : 400 m
Durée : 4 h 00
Distance : 9 km
Carte : 3334 OT

Démarrer au parking, à 500 m du col, à la station de ski (1 300 m) ⓿ côté Charmant Som (ouest). Ne pas suivre la route enneigée du Charmant Som, mais une piste ❶ qui part en face juste au-dessus de celle-ci. Le chemin monte dans la forêt en tournant vers le sud-ouest. Gagner de l'altitude et, par un lacet à gauche, gagner la crête toujours boisée ❷. Suivre cette large crête. La trace, d'abord ouest, s'incurve au sud en approchant d'une prairie. Remonter en diagonale cette prairie (pentue sur la fin) pour déboucher à un collu ❸ au nord de la Pinéa. Suivre alors la crête boisée orientée au nord, et dépasser successivement le Montvernet puis le Montfromage (1 662 m). Dépasser l'arrivée du télésiège ❹ et continuer sur la crête (point coté 1 703 m) qui rejoint la route enneigée à 200 m de l'oratoire d'Orgeval ❺. Suivre la route qui descend en lacet ❻ pour revenir au col de Porte.

Il fut un temps où cette balade était connue des seuls initiés. Aujourd'hui, pour faire sa trace, il faut vraiment être dans le mauvais temps… et encore. Nonobstant ce fait, la Balme de l'Air est une randonnée très agréable, combinant de superbes vues sur Chamechaude et la Sure, et un cheminement intéressant sur une large crête boisée. Et si la trace est pour une fois absente, l'aventure en sera d'autant plus grande…

Une clairière en montant à la Balme de l'Air offre la vue sur le versant ouest de Chamechaude.

Ci-dessus : l'oratoire d'Orgeval, vers 1 600 m (à droite Chamechaude). En bas : au sommet du Charmant Som (1 867 m)

Accès : Le Sappey-en-Chartreuse
Départ : col de Porte 1 326 m
Dénivelée : 560 m
Durée : 5 h 00
Distance : 14 km
Carte : 3334 OT

22 - Charmant Som (1 867 m)

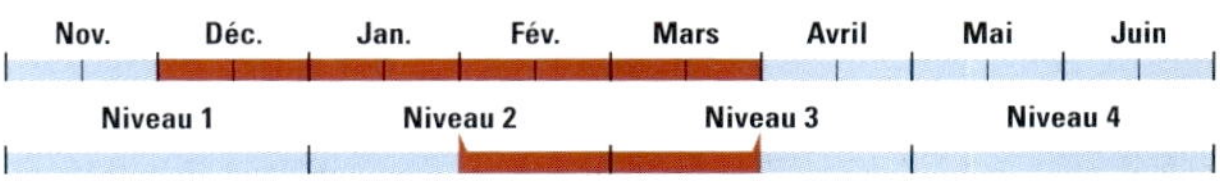

Démarrer au parking, à 500 m du col, à la station de ski ⓿. Ne pas suivre la route enneigée du Charmant Som, mais une piste ❶ qui part en face juste au-dessus de celle-ci. Le chemin monte dans la forêt en tournant vers le sud-ouest. Gagner de l'altitude et, par un lacet à gauche, gagner la crête toujours boisée ❷. Suivre cette large crête. La trace, d'abord ouest, s'incurve au sud en approchant d'une prairie. Remonter en diagonale cette prairie (pentue sur la fin) pour déboucher à un collu ❸ au nord de la Pinéa. Suivre alors la crête boisée orientée au nord, et dépasser successivement le Montvernet puis le Montfromage (1 662 m). Dépasser l'arrivée du télésiège ❹ et continuer sur la crête (point coté 1 703 m) qui rejoint la route enneigée à 200 m de l'oratoire d'Orgeval ❺. Rejoindre les chalets de Charmant Som (1 670 m) ❻. Monter sur la croupe à droite (est), puis la suivre au nord pour atteindre le sommet après une courte descente ❼. Revenir par le même itinéraire jusqu'à l'oratoire puis descendre par la route.

Alpage récréatif l'été, le Charmant Som prend en hiver toute sa dimension. Et si le chemin pour y monter est assez long, d'autant plus en venant par la Balme de l'Air, vous serez largement récompensé par le panorama à 360° du sommet. Une variante peut consister à faire cette boucle dans l'autre sens : montée par la route avec descente par la Balme de l'Air. Avantage : arrivée plus tôt au sommet. Inconvénient : la fastidieuse montée par la route.

23 - Chamechaude (2 082 m)

Nov. Déc. Jan. Fév. Mars Avril Mai Juin

Niveau 1 Niveau 2 Niveau 3 Niveau 4

Accès: Le Sappey-en-Chartreuse
Départ: col de Porte 1 326 m
Dénivelée: 760 m
Durée: 4 h 30
Distance: 7 km
Carte: 3334 OT

Du parking (1 326 m) ⓿, remonter les pistes de ski pendant une dizaine de minutes. Prendre ensuite à gauche ❶ un chemin qui coupe le téléski, monte dans la forêt et repart à droite plus haut. À 1 600 m, atteindre une zone déboisée, sous la cabane du Bachasson (1 630 m) ❷. Remonter la pente raide qui fait suite jusqu'à parvenir à hauteur de la barre rocheuse qui domine la cabane du Bachasson, vers 1 750 m, sous un rocher tabulaire. Traverser à droite ❸ horizontalement (raide) et surmonter la barre rocheuse par une vire large (délicat, souvent plus facile sans raquettes). Continuer au sud en tirant peu à peu à gauche pour rejoindre la prairie sommitale, puis la crête au niveau de la brèche Arnaud ou un peu au-dessus ❹. Remonter la crête en se tenant une cinquantaine de mètres en dessous, puis la rejoindre une fois au niveau des paravalanches ❺. L'accès au sommet est défendu par des rochers équipés d'un câble, passage d'escalade court mais exposé ❻.

Chaque jour de l'hiver ou presque, les skieurs de randonnée se pressent sur cette montagne fétiche des Grenoblois. La fréquentation ne doit pas faire oublier que, raquettes aux pieds, cette rando est technique, et présente plusieurs passages exposés et/ou raides: la traversée sur la vire et l'accès au sommet, parfois (trop) difficile si les câbles sont recouverts de glace. Une paire de crampons est conseillée.

Chamechaude versant ouest, l'itinéraire se déroule sur les pentes ensoleillées, à droite du sommet.

Chamechaude, versant est, que l'on découvre en montant au habert (it. 24).

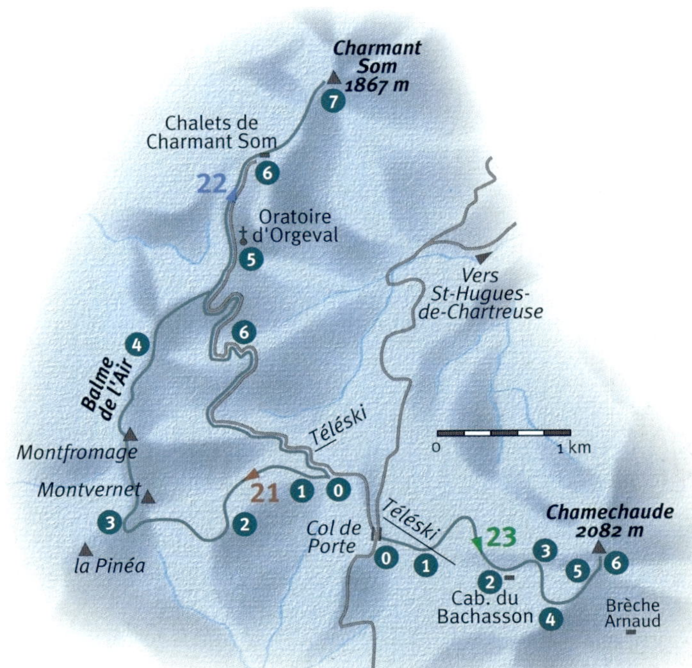

Secteur du Sappey-en-Chartreuse

À deux pas de Grenoble, c'est le terrain d'initiation par excellence pour toute la famille. Certaines classiques balisées, voire damées par la commune du Sappey, sont présentées, tandis que d'autres le sont beaucoup moins. Enfin, c'est un secteur qui livre ses charmes au plus fort de l'hiver, par bon, voire très bon enneigement.

24 - Habert de Chamechaude (1 570 m) – Circuit de Montjalat

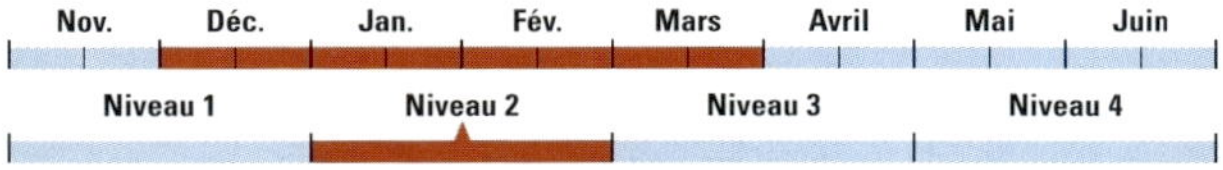

Accès : Le Sappey-en-Chartreuse
Départ : parking au centre de ski de fond
Dénivelée : 550 m
Durée : 4 h 00
Distance : 9 km
Carte : 3334 OT

Du parking ⓿, suivre l'itinéraire balisé « Circuit de Montjalat » qui monte à l'écart du village par le quartier des Jaillères ❶ puis dans les alpages jusqu'à la grange de Montjalat ❷ (ne pas prendre la piste de ski de fond). Traverser le pré pour prendre le chemin du habert de Chamechaude. Suivre la trace ❸ qui s'élève rapidement en effectuant des lacets pour parvenir à l'orée de la forêt au habert (1 570 m) ❹.

L'occasion d'aller voir de plus près les falaises de Chamechaude, parfois givrées après une tempête de neige. Si les conditions le permettent, il est possible de traverser sous les parois à gauche pour rejoindre la cabane du Bachasson et l'itinéraire 23 jusqu'au sommet.

Les débutants, quant à eux, suivront intégralement le circuit de Montjalat, balisé et damé à travers les prés, qui leur fera découvrir les hauteurs du Sappey sans aller jusqu'au habert (2 h 30, niveau 1). Et sans marcher sur les pistes de ski de fond, bien sûr.

Jour blanc au habert de Montjalat, au-dessus du Sappey.

Accès : Le Sappey-en-Chartreuse
Départ : parking au centre de ski de fond
Dénivelée : 480 m
Durée : 3h30
Distance : 10 km
Carte : 3334 OT

25 - L'Émeindras (1 491 m)

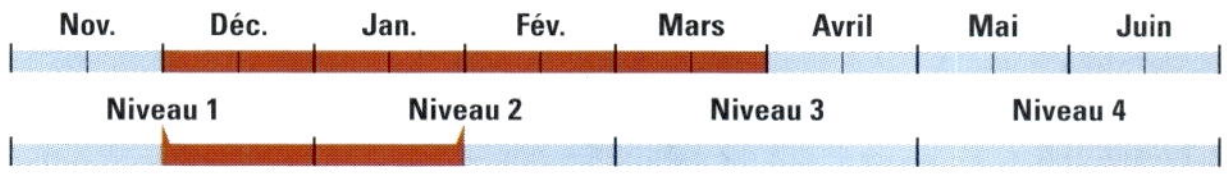

Du parking ⓿, suivre l'itinéraire balisé nommé « Émeindras-de-dessus ». Une fois sorti du village, il faut bien suivre l'itinéraire qui évite, par quelques petits détours, les pistes de ski de fond ❶. Le chemin tracé remonte au nord ❷ puis débouche, après une rude mais brève montée, hors de la forêt. Remonter la croupe qui suit pour parvenir au chalet de l'Émeindras-de-dessus (1 427 m) ❸. Il serait dommage de ne pas monter jusqu'en haut de l'alpage, à l'extrémité est du pré ❹ pour admirer la vue sur le massif de Belledonne.

La dénivelée est raisonnable et la balade sympathique, réalisable même par mauvaises conditions météorologiques. Suivez bien le sens de balisage : l'itinéraire tracé doit être parcouru dans le sens des flèches figurant sur les panneaux. Les skieurs de fond vous remercient !

Accès : Le Sappey-en-Chartreuse
Départ : parking au centre de ski de fond
Dénivelée : 480 m
Durée : 3h30
Distance : 10 km
Carte : 3334 OT

26 - Boucle par Bens et le col de Palaquit (1 191 m)

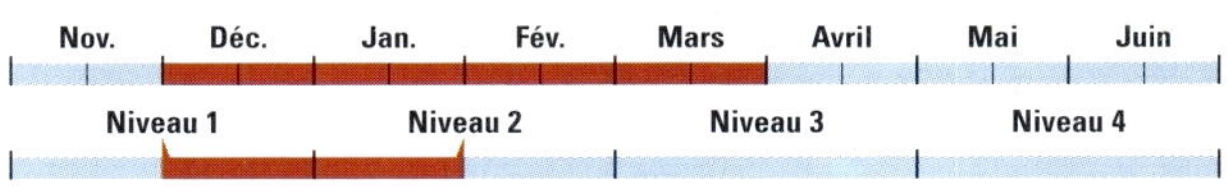

Du parking ⓿, traverser le village direction ouest jusqu'aux Beauches ❶. De là, prendre la route qui, par les Sagnes, monte à la colonie de vacances, direction col de Bens. Après deux virages, atteindre la colonie de Bens et, après celle-ci, partir droit ❷ dans le premier pré. Remonter celui-ci et prendre un chemin ❸ taillé au milieu d'une plantation de résineux. Suivre ce chemin qui monte directement et plein nord jusqu'au point 1191 m ❹, avant de redescendre de l'autre côté sur le col de Palaquit (1 154 m) ❺ où l'on croise la route qui monte de Sarcenas. Traverser la route et récupérer l'itinéraire balisé ❻ qui descend du col de Porte sur Le Sappey, puis sur l'itinéraire balisé dit de « Roche Rousse » : soit revenir au village par le Churut soit poursuivre jusqu'à Montjalat.

Très belle boucle, la plus secrète des environs. Nombreuses variantes possibles : l'Écoutoux, 1 406 m, dont on atteint le sommet en 1h15 depuis la colonie de vacances (une fois dans le pré sus-mentionné, partir plein sud au-dessus de la colonie, et suivre un large chemin dans la forêt). Il est aussi possible de traverser sur Sarcenas, montée au col de Porte et retour. Enfin, il existe d'autres circuits balisés sur Le Sappey (dont celui de Roche Rousse).

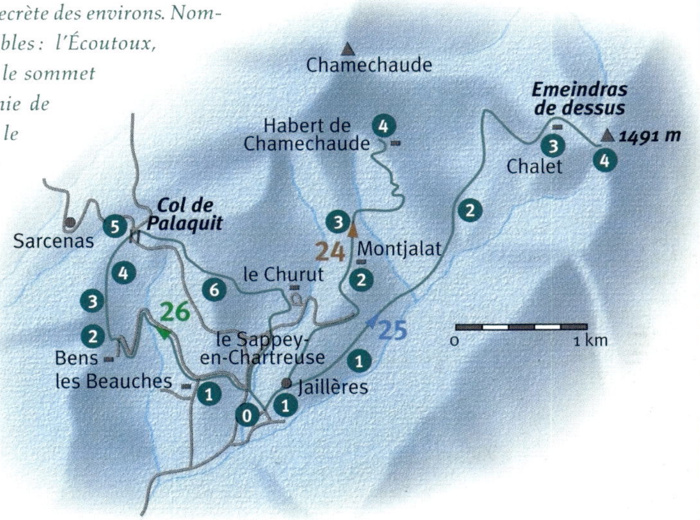

Secteur de la Chartreuse occidentale – La Grande Sure

Approches longues et parfois complexes, la majorité des itinéraires dans le secteur est plutôt difficile (à l'exception de la Balme de l'Air). En fait, ces randonnées se déroulent en deux parties : la première, ingrate et fastidieuse, sera vite oubliée grâce à la seconde, qui offre des panoramas à couper le souffle. Impression renforcée par la quiétude des Hauts-Plateaux de la Chartreuse occidentale.

27 - Balme de l'Air depuis Planfay (1 703 m)

Nov. Déc. Jan. Fév. Mars Avril Mai Juin

Niveau 1 Niveau 2 Niveau 3 Niveau 4

Accès : Proveysieux
Départ : Pomarey, Planfay, limite du déneigement
Dénivelée : 850 m
Durée : 5 h 00
Distance : 9 km
Carte : 3334 OT

Depuis Planfay ⓿, continuer sur la route. Après une épingle à gauche, atteindre un réservoir (954 m) à la lisière de la forêt. Laisser la piste forestière et prendre à droite ❶ un chemin qui monte à l'est et coupe le premier virage de la piste. Suivre celle-ci jusqu'à la prairie de Girieux (1 278 m) ❷. Monter dans un creux plein nord pour retrouver un croisement ❸ (point 1 321 m). Ne pas prendre le chemin en face mais suivre la piste à droite. S'élever dans la forêt ; la piste fait un crochet à droite (sud) sur une croupe et atteint un vague col ❹. Gravir les pentes à droite (est) dans une zone à découvert en visant un couloir situé à gauche du point culminant. Suivre la crête et atteindre le sommet ❺ en longeant la barre rocheuse à droite. À la descente, revenir au col et basculer à gauche (sud) puis droit dans une trouée (ouest) ❻ pour retrouver la piste suivie à la montée.

Bien moins fréquenté que le versant du col de Porte, le versant ouest de la Balme de l'Air permet de raquetter dans la sérénité. Seule difficulté technique, le petit couloir près du sommet qui nécessite de l'attention.

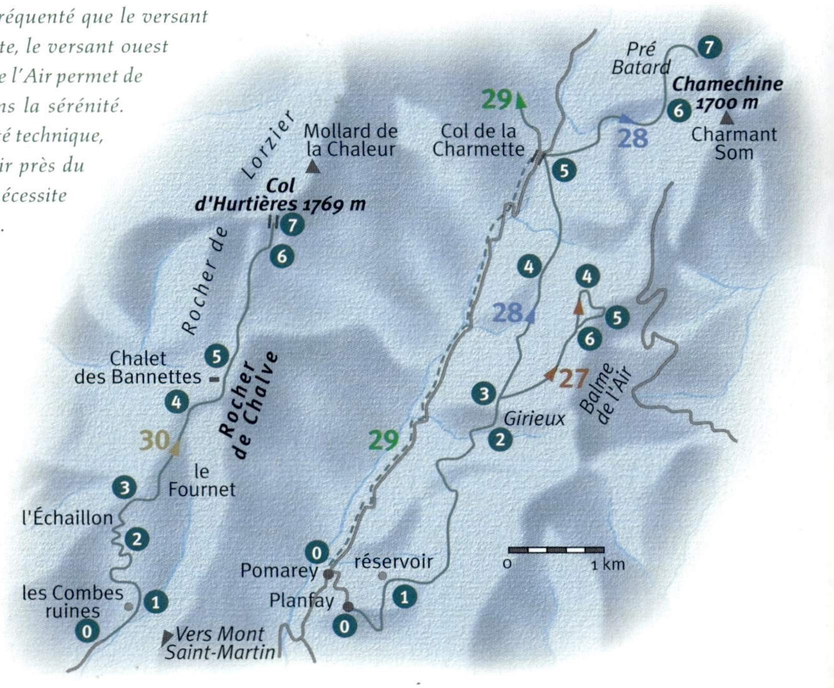

Accès : Proveysieux
Départ : Pomarey, Planfay limite du déneigement.
Dénivelée : 950 m
Durée : 6 h 00
Distance : 17 km
Carte : 3334 OT

28 - Chamechine (1 700 m)

Nov. Déc. Jan. Fév. Mars Avril Mai Juin

Niveau 1 Niveau 2 Niveau 3 Niveau 4

Depuis Planfay ⓿, continuer sur la route. Après une épingle à gauche, atteindre un réservoir (954 m) à la lisière de la forêt. Laisser la piste forestière et prendre à droite ❶ un chemin qui monte à l'est et coupe le premier virage de la piste. Suivre celle-ci jusqu'à la prairie de Girieux (1 278 m) ❷. Monter dans un creux plein nord pour retrouver un croisement ❸ (point 1 321 m). Laisser à droite la piste qui monte à la Balme de l'Air (it. 27) pour prendre tout droit (nord) une piste. Après 800 m, arriver à une bifurcation, prendre à droite, puis peu après à gauche (nord-est). Atteindre une petite clairière vers 1 320 m ❹. Continuer sur la piste en légère descente puis, après une zone plane, atteindre le col de la Charmette (1 261 m) ❺. Traverser la clairière au nord-est et suivre un chemin qui franchit le lit du torrent. Ensuite tourner à droite et s'élever dans la forêt, d'abord est puis nord-est. À la lisière de la forêt ❻, monter dans la combe suspendue à gauche et atteindre un replat (pré Batard). De là, soit aller sur un talus plein nord (facile), soit remonter une pente assez raide à droite pour atteindre la crête de Chamechine (1 700 m) ❼. Revenir au col de la Charmette, et descendre par la route ❽ jusqu'à Pomarey, puis Planfay.

Au prix d'une longue approche (et d'un retour idem), Chamechine offre un magnifique panorama sur le couvent de la Grande Chartreuse. La combe de pré Batard est un bijou, et si vous avez la chance d'être seul, ce qui sera probablement le cas, vous comprendrez pourquoi Chamechine mérite d'être classée dans les cinq plus belles randos de Chartreuse.

Attention, sur la route du col de la Charmette, certains passages au-dessus de la Tenaison sont parfois étroits et délicats si la neige est dure.

Enfin, dans le secteur, le Charmant Som est un bel objectif, assez technique au départ du col de la Charmette.

Soleil couchant depuis le sommet de Chamechine.

29 - Tour de la Grande Vache (1 712 m)

Nov. Déc. Jan. Fév. Mars Avril Mai Juin

Niveau 1 Niveau 2 Niveau 3 Niveau 4

Accès : Proveysieux
Départ : Pomarey, limite du déneigement.
Dénivelée : 950 m
Durée : 7 h 00
Distance : 17 km
Carte : 3334 OT

Suivre la route ⓿ jusqu'au col de la Charmette (1 261 m) ❶. Rejoindre 200 m plus loin à gauche le chalet de la Charmette, parking d'été (1 274 m) ❷. Prendre la piste forestière à droite (panneaux Grande Sure, col de la Grande Vache) qui monte dans la forêt. Garder le cap au nord-ouest en laissant tous les chemins qui partent à droite et à gauche jusqu'à un embranchement vers 1 500 m. Prendre à droite (toujours nord-ouest) ❸. Après quelques bosses, le chemin monte et parvient au col de la Petite Vache (1 643 m) ❹. Descendre par une courte pente raide sur les Hauts-Plateaux. Partir à gauche (sud) sous le Mollard de la Grande Vache et, par une traversée ascendante, gagner le col de la Grande Vache (1 712 m) ❺ en laissant à droite le col de la Sure. Basculer versant est du col pour trouver le chemin ❻ qui ramène à la bifurcation à 1 500 m, puis au col de la Charmette, et enfin à Pomarey.

L'oratoire du col de la Charmette.

Il est bien sûr possible de faire moult variantes. Monter au col de la Grande Vache directement. Ou monter au col de la Charmille (1 605 m) depuis la Petite Vache. Gravir la Sure (1 920 m) depuis le col de la Sure est très délicat (cf. it. 31).

Dans le secteur, on peut aussi faire le tour du Mollard de la Chaleur par le col d'Hurtières, boucle superbe mais au cheminement complexe en forêt.

Enfin, ceux qui veulent éviter la route à la montée au col de la Charmette peuvent passer rive droite de la Tenaison (départ du chemin par une piste à gauche après le point coté 889 m sur IGN).

30 - Le col d'Hurtières par les Bannettes (1 769 m)

Nov. Déc. Jan. Fév. Mars Avril Mai Juin

Niveau 1 Niveau 2 Niveau 3 Niveau 4

Accès : Mont-Saint-Martin, depuis le Fontanil-Cornillon.
Départ : parking dans le virage entre Collavière et Mont-Saint-Martin.
Dénivelée : 1 000 m
Durée : 6 h 30
Distance : 15 km
Carte : 3334 OT

Du virage (800 m, ⓿), remonter la petite route fermée jusqu'aux ruines des Combes (921 m) ❶. Prendre le large chemin forestier qui s'élève dans la forêt. Quelques lacets plus haut, on atteint le bas de la clairière pentue de l'Échaillon ❷. Continuer en forêt par des lacets avant de rejoindre le haut de la clairière pour arriver aux environs du pas de l'Âne (1 350 m) ❸. Le chemin traverse à droite (raide) puis bascule dans le vallon du Fournet. Une marche en ascendance à gauche permet de rejoindre la crête dénudée des Bannettes (1 597 m) ❹. Il est plus simple de monter encore un peu, puis une légère descente permet de rejoindre le refuge des Bannettes (1 700 m) ❺. Continuer plein nord, brève descente avant de poursuivre à flanc sur le versant est des rochers de Lorzier. À un replat, tirer à droite pour gagner une croupe aisée ❻ puis le col d'Hurtières (1 769 m) ❻.

Encore une qui se mérite… mais le panorama est grandiose sur les Hauts-Plateaux. La difficulté de ce type d'itinéraire réside dans sa longueur, et dans les différentes conditions nivologiques rencontrées :

rien ou de la soupe au parking, poudreuse ou trafolée en forêt, neige gelée par le vent sur les Hauts-Plateaux… Ne pas négliger l'altitude déjà importante de ce secteur qui reçoit de plein fouet les dépressions venant de l'ouest.
Enfin, ne pas commettre l'erreur qui consiste à se laisser tenter et remonter directement par le vallon du Fournet (raquettes 4X4).

Accès : col de la Placette, entre Voreppe et Saint-Laurent-du-Pont
Départ : pont de Grépy, atteint par la route qui monte à l'est depuis le col (par les Cochets et Chantabeau, terminus de la route déneigée)
Dénivelée : 1 000 m
Durée : 6 h 00
Distance : 12 km
Carte : 3334 OT

31 - Col de la Sure par le pas de Miséricorde (1 675 m)

Nov. | Déc. | Jan. | Fév. | Mars | Avril | Mai | Juin

Niveau 1 | Niveau 2 | Niveau 3 | Niveau 4

Suivre la route ⓿ plein est jusqu'au pont de Grépy ❶ qui franchit le ruisseau des Trois Fontaines. Peu après, prendre à droite ❷ un chemin qui monte en lacets serrés dans la forêt. Vers 1 030 m, laisser une sente à gauche pour partir à droite (sud) et, par une dernière montée, atteindre le pas de Miséricorde, (1 200 m) ❸, une vire aérienne horizontale (délicat si neige abondante). La franchir puis continuer à flanc pour arriver à un replat vers 1 370 m. Laisser à gauche le chemin de la combe des Veaux ❹ pour remonter le creux du vallon puis franchir un verrou pour atteindre la combe d'Hurtières (1 500 m) ❺. Remonter la combe à gauche (nord) pour atteindre le col de la Sure (1 675 m) ❻.

Le pas de Miséricorde est plus impressionnant que difficile, tout dépend des conditions rencontrées. Néanmoins, ce passage est exposé et parfois dangereux : piolet et crampons sont fortement recommandés et la corde conseillée. Quant à l'ascension de la Sure depuis le col de la Sure, elle reste à la portée de raquettistes équipés du matériel susmentionné. Depuis le col, il faut remonter les pentes raides (35°, voire plus) à l'est et suivre la crête pour atteindre le sommet.

Le col de la Sure et la Grande Sure.

Les traversées de la Chartreuse

T1 - La traversée des crêtes de Chartreuse

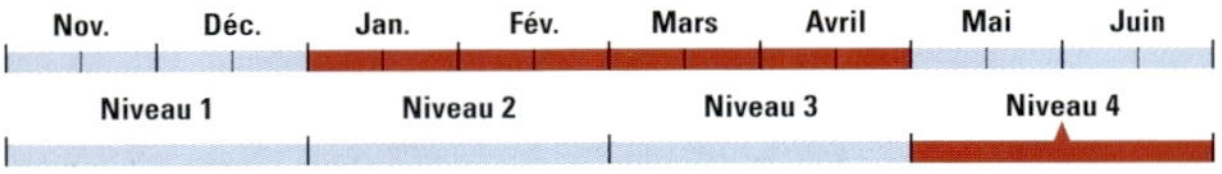

Départ : col du Coq, 1 434 m
Arrivée : col du Granier, 1 134 m
Altitude maxi : dent de Crolles, 2 062 m

Cette traversée sur les crêtes, la « Grenoble-Chambéry Airlines », est le plus bel itinéraire que l'on puisse imaginer en Chartreuse. Deux ou trois jours durant, se succéderont crêtes aériennes et vastes combes, passages techniques et orientation en forêt. Un caractère alpin assez marqué car, si l'altitude reste inférieure ou égale à 2 000 m, le terrain est parfois accidenté. Entre lapiaz et barres rocheuses, il faut pouvoir retrouver son chemin, caché par la neige. Sur une grande partie du parcours, en plein hiver, aucune trace n'indique le sentier. C'est pourquoi une certaine expérience de la haute montagne (marche en crampons) et de la montagne hivernale (orientation, sens de l'itinéraire, évaluation du manteau neigeux) est nécessaire, à moins bien sûr de recourir aux services d'un guide de haute montagne.
La lumière des crêtes – le mont Blanc dans la ligne de mire – reste longtemps dans la mémoire de ceux qui se lancent sur ce parcours sauvage. À ne pas sous-estimer, mais vivement recommandé !

Découpage des étapes

J1 : col du Coq - habert de l'Aup du Seuil
J2 : Aup du Seuil - refuge de l'Alpette
J3 : l'Alpette - col du Granier.
Ou :
J1 : col du Coq - cabane de Bellefond
J2 : Bellefond - habert de la Dame
J3 : Habert de la Dame - col du Granier.
Ou (en 2 jours « pleins ») :
J1 : col du Coq - cabane de Bellefond
J2 : Bellefond - La Plagne.

Le versant ouest du col de Bellefond.

Logistique

Prévoir une deuxième voiture à l'arrivée prévue (La Plagne ou col du Granier).

Matériel

Raquettes ET bâtons, piolet léger, crampons, corde utile (30 m), réchaud (eau rare), boussole et altimètre, tente indispensable.

Conseils

- Prévoir une autonomie totale : la traversée est engagée (échappées rares).
- Éviter le plus fort de l'hiver. Privilégier un enneigement moyen, et une météo stable. Cette traversée peut se faire aussi en raquettes de printemps (plus facile).
- Effectuer quelques reconnaissances si possible (col de l'Alpe par exemple).
- Cette traversée se déroule sur la Réserve naturelle des Hauts-Plateaux : feu, chien et cam-

Guides à la Maison de la Montagne de Grenoble, 3 rue Raoul Blanchard. Tél. 0 825 825 588.

ping interdits (bivouac toléré, avec une tente dans laquelle on ne peut se tenir debout, et démontée la journée). Il est ainsi recommandé par les responsables de privilégier (J1) la traversée par le GR 9 : de la dent de Crolles, descendre pour prendre le GR et passer par le Prayet puis le Chaos de Bellefond pour atteindre la cabane, ce qui est par ailleurs un itinéraire plus facile que celui des crêtes.

Itinéraire

• Du col du Coq au col de Bellefond : 6 à 7 h.

Depuis le col du Coq, monter à la dent de Crolles (it. 19). Continuer sur la crête, franchir une brèche, puis une deuxième, pour atteindre les rochers du Midi. Descendre plein nord dans un vallon pour rejoindre une brèche sous une falaise qui brise la crête. Une grosse fissure permet de la franchir, c'est la cheminée du Paradis (1 898 m, étroit, raide, hisser les sacs). Continuer jusqu'au pas de Rocheplane (1 860 m). Si vous dormez à la cabane de Bellefond (ouverte), restez à flanc jusqu'au pas de Montbrun avant de descendre au nord dans un vallon. Si vous dormez vers le habert de l'Aup du Seuil, il est plus rapide de gagner le col de Bellefond sans passer à la cabane. Suivre la crête (barres) jusqu'au piton de Bellefond (1 958 m) puis descendre au col de Bellefond (1 902 m).

• Du col de Bellefond au Habert de la Dame : 4 h (depuis la cabane de Bellefond : 5 h)

Départ raide pour descendre du col. Continuer dans le vallon pour arriver au habert de l'Aup du Seuil (fermé). Abri ou emplacements de bivouac contre des blocs. Rejoindre la forêt et suivre le GR 9 jusqu'à une bifurcation, puis prendre à droite (panneau « forêt de l'Aup du Seuil »). Le sentier est très difficile à détecter. Rester à niveau, en gagnant un peu d'altitude ensuite (attention aux nombreux trous - lapiaz - barres ; section délicate). Sortir de la forêt au niveau d'une source et atteindre le habert de la Dame (1 554 m).

• Jusqu'au refuge de l'Alpette : 4 h depuis le Habert de la Dame, 6 à 7 h depuis l'Aup du Seuil.

Depuis le habert de la Dame, suivre l'it. 4 pour rejoindre le vallon de Pratcel. Remonter celui-ci (une barre s'évite par la droite) jusqu'aux abords du col de l'Alpe (1 793 m). De là, suivre l'itinéraire 2 pour atteindre l'Alpette (habert ouvert), puis descendre à La Plagne (ne surtout pas descendre en hiver versant Grésivaudan). Continuer sur la route pendant 1 km et prendre à droite une petite route avant la Grénery. Dépasser un hameau (« Vers le Mont »), traverser dans une combe (ruisseau de l'Aileret) pour atteindre la station du Granier (téléskis). Le col du Granier n'est plus qu'à 2 km.

En route pour les Rochers du Midi, Grenoble–Chambéry Airlines !

T2 - La traversée des Hauts-Plateaux de la Chartreuse occidentale

Départ : Mont-Saint-Martin, 800 m
Arrivée : Pomarey, 763 m
Altitude maxi : col d'Hurtières, 1 769 m.

Nov. Déc. Jan. Fév. Mars Avril Mai Juin

Niveau 1 Niveau 2 Niveau 3 Niveau 4

Plus qu'une véritable traversée, il s'agit en fait d'une boucle qui permet de parcourir l'ensemble du secteur de la Sure. Elle reprend les itinéraires décrits dans le secteur 10 (Proveysieux). En deux jours, on découvre l'ensemble des itinéraires de la Sure, en passant une nuit (coucher de soleil quatre étoiles) au refuge des Bannettes (rénové).

Logistique

Prévoir une voiture à l'arrivée à Pomarey.

Matériel

Boussole, altimètre, réchaud (pas d'eau), sac de couchage (piolet et crampons conseillés seulement pour l'ascension de la Grande Sure).

Attacher ou ne pas attacher le talon des fixations

À la montée, il ne sert à rien d'attacher les talons des fixations, au contraire. En revanche, à la descente, tout dépend du type de neige, de la raideur de la pente... et de votre style ! Pour certains, le talon « fixé » apporte un surcroît d'assurance, leur permettant de grandes enjambées dans la poudreuse sans risque de voir le tablier de la raquette se planter à la verticale. D'autres préféreront garder le talon libre et marcher... plus tranquillement.

Conseils

- Éviter le plus fort de l'hiver, sauf si vous aimez brasser... Se prête bien à la raquette de début de printemps.
- Monter le matin au refuge des Bannettes pour éviter la chaleur de l'après-midi avec un gros sac.

En haut : montée au col de Bellefond. En bas à gauche : bivouac à l'Aup du Seuil. En bas à droite : dîner dans l'abri de l'Aup du Seuil.

Itinéraire

Jour 1 - 3 h

Suivre l'itinéraire 30, col des Bannettes - col d'Hurtières en s'arrêtant au refuge des Bannettes. rénové, il est confortable (attention, pas d'eau, prévoir de faire fondre la neige si besoin). On peut consacrer l'après-midi à l'ascension des rochers de Chalves (1 845 m, petit passage raide, 1 h aller-retour).

Jour 2 - 6 à 7 h

Suivre l'itinéraire jusqu'au col d'Hurtières. Descendre à droite sous le Mollard de la Chaleur et marcher à flanc (il n'est pas obligatoire de descendre à la bergerie - abri), passer sous le goulet d'Hurtières (échappée) et continuer plein nord jusqu'au col de la Sure (ascension de la Grande Sure éventuelle, niveau 4). De là, retour par le col de la Grande Vache ou mieux, celui de la Petite Vache (cf. it. 29). Retour par le col de la Charmette, arrivée à Pomarey.

Vers le pas de Rocheplane, au fond les Lances de Malissard et le col de Bellefond.

Un passage qui frise l'escalade, la cheminée du Paradis.

Cours d'eau et chausse-trappes

Si les raquettes évitent au pied de trop s'enfoncer dans la neige poudreuse ou « pourrie », elles n'ont pas autant de portance que des skis. Méfiance donc lors de franchissements de cours d'eau et de torrents, particulièrement au printemps, même si des traces de ski attestent du passage. En Chartreuse, sur les hauts-plateaux (forêt du Grand Manti), mais aussi vers la Sure, des secteurs en lapiaz recèlent des trous dans la roche calcaire qui sont autant de pièges pour la jambe du raquettiste : prudence !

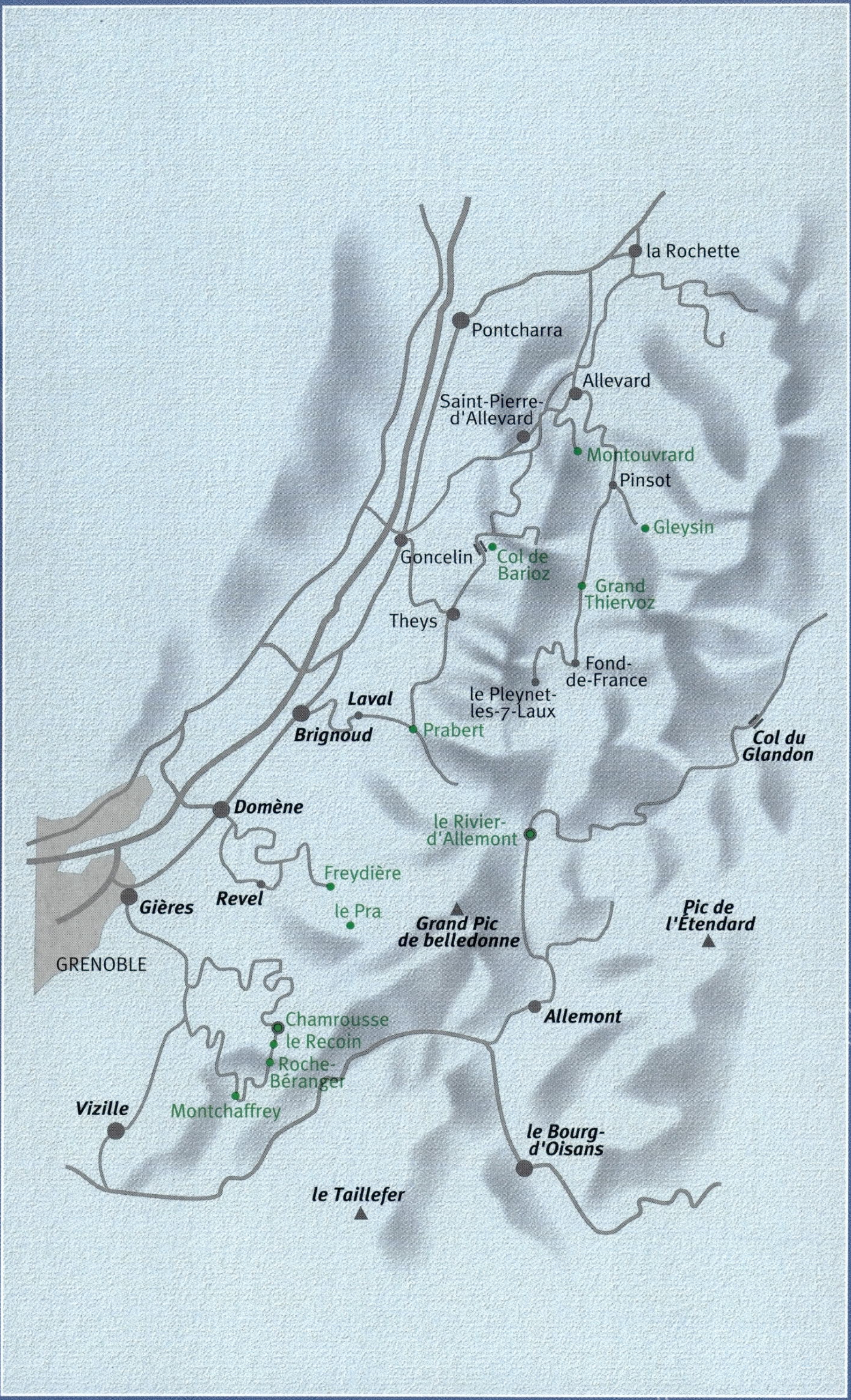

la Rochette
Pontcharra
Allevard
Saint-Pierre-d'Allevard
Montouvrard
Pinsot
Gleysin
Goncelin
Col de Barioz
Grand Thiervoz
Theys
Fond-de-France
le Pleynet-les-7-Laux
Laval
Brignoud
Prabert
Col du Glandon
Domène
le Rivier-d'Allemont
Freydière
Revel
Gières
le Pra
Grand Pic de belledonne
Pic de l'Étendard
GRENOBLE
Chamrousse
le Recoin
Roche-Béranger
Allemont
Montchaffrey
Vizille
le Bourg-d'Oisans
le Taillefer

Belledonne Sept-Laux

itinéraires 32 à 60

Secteur d'Arvillard

C'est le bout du massif Belledonne – Sept-Laux, tout au nord. Moins fréquenté que d'autres, ce secteur offre de magnifiques balades au printemps ou quand l'enneigement est faible à basse altitude. Il faudra en effet attendre le déneigement naturel pour en profiter sans rallonger la balade de manière excessive. Ces deux belvédères, sur les Grands Moulins et sur le grand vallon du Bens, se méritent, mais ces alpages lumineux en valent largement la peine.

32 - Chapotet (2 076 m)

Nov.	Déc.	Jan.	Fév.	Mars	Avril	Mai	Juin

Niveau 1	Niveau 2	Niveau 3	Niveau 4

Accès : la Rochette, Arvillard
Départ : route des Ramiettes, point 1 080 m, atteint depuis Mollard Ciseaux (par la D 207 et Presle depuis la Rochette)
Dénivelée : 1 000 m
Durée : 6 h 00
Distance : 12 km
Carte : 3433 OT

Depuis l'embranchement (point 1 080 m) ⓿, prendre à gauche la route des Ramiettes ❶ qui monte à la chapelle de Prodin. De là, prendre à droite ❷ une piste qui monte doucement en forêt avant de revenir à droite (sud) sur la crête vers 1 480 m ❸. Peu après, à un embranchement (point coté 1 514 m), choisir le chemin qui part à gauche ❹ et s'élève sous la pointe de Ramavoula pour atteindre la crête à 1 675 m ❺. Poursuivre sur le flanc nord puis revenir sur la crête de la Grande Montagne de Presle ❻. Franchir un ressaut plus raide et déboucher dans les alpages sommitaux du Chapotet (2 076 m) ❼.

Éviter les périodes de fort enneigement car, dans ce cas, la route peut être barrée dès la Florence (882 m), voire à partir de Mollard Ciseaux (770 m). Au début du printemps, les conditions sont généralement idéales, avec un déneigement naturel jusqu'à l'embranchement de la route des Ramiettes.

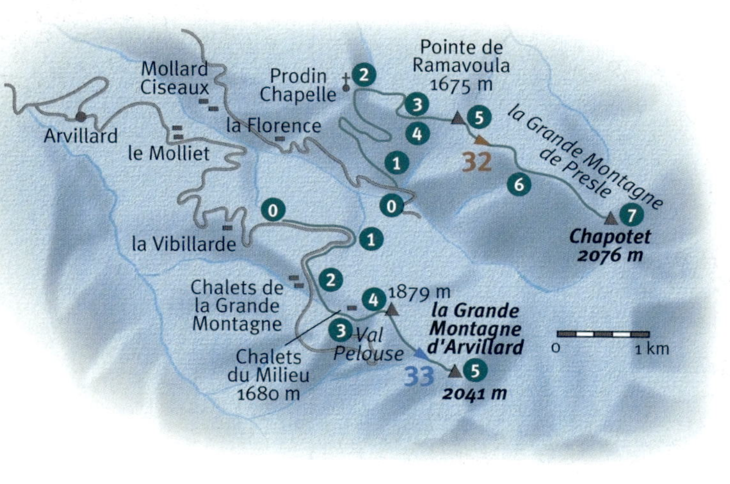

La face nord des Grands Moulins vue depuis la montagne d'Arvillard.

Accès : la Rochette, Arvillard
Départ : route de Valpelouse (via le Molliet), en fonction du déneigement naturel
Dénivelée : 650 m
Distance : 11 km
Durée : 5 h 00
Carte : 3433 OT

33 - Montagne d'Arvillard (2 041 m)

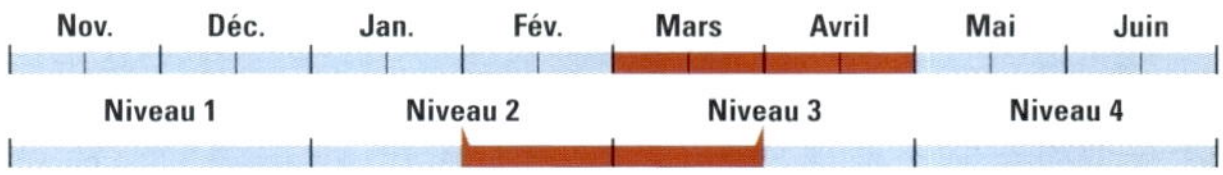

De la route de Valpelouse, à l'altitude approximative de 1 300 m ⓿, suivre la route qui monte en faisant un lacet à gauche ❶. À 1 500 m, au-dessus des chalets de la Grande Montagne visibles en contrebas, quitter la route et monter à gauche ❷ dans la forêt pour rapidement atteindre une prairie (ancienne piste de ski). La remonter et arriver aux chalets du Milieu (1 680 m, ex-centre station) ❸. Monter en ascendance à droite (sud-est) pour atteindre la crête sud-ouest de la Montagne d'Arvillard ❹. Passer au point 1 879 m et suivre la crête jusqu'au sommet (2 041 m) ❺.

Depuis la fermeture de la station de ski en 1986, la route de Valpelouse n'est plus déneigée. Il faut attendre le déneigement naturel, début avril, pour partir d'une altitude de 1 300 m environ sur la route. Plus tôt dans la saison, il faut partir d'un peu plus bas, de l'épingle après la Vibillarde (1 230 m) voire beaucoup plus bas (épingle à 1 000 m, compter autant en dénivelée et l'intérêt de la balade s'en ressent !). Dans le cas d'un départ vers l'épingle 1 230 m, il peut être judicieux de couper par une piste qui part à droite et rejoint les chalets de la Grande Montagne.

Dans tous les cas, il faut bien examiner les courbes de niveau sur la carte avant de couper en forêt afin d'éviter les pièges imprévus (barres, passages trop raides).

Secteur du Haut-Bréda

Le Haut-Bréda recèle des perles en matière de raquettes à neige, au départ du Grand Thiervoz dans la vallée, ou bien au départ du Gleyzin, où la grande accessibilité des balades proposées contraste avec le caractère sauvage et grandiose de ce coin des Sept-Laux très typé haute montagne. C'est l'occasion d'approcher une autre dimension de la raquette, plus alpine mais encore démocratique. Quant au secteur du Grand Rocher, il s'agit bien entendu d'un spot pour raquettistes épicuriens, à éviter toutefois par temps bouché (soucis d'orientation !).

34 - Le chalet de l'Aup Bernard (1 575 m)

Nov. Déc. Jan. Fév. Mars Avril Mai Juin

Niveau 1 Niveau 2 Niveau 3 Niveau 4

Accès : Allevard, Pinsot, Gleyzin
Départ : parking de la Bourgeat Noire, à Gleyzin (gîte)
Dénivelée : 475 m
Durée : 3 h 30
Distance : 4 km
Carte : 3433 OT

Du parking (1 100 m) ⓿, remonter les prés à l'est (derrière le gîte) en restant à gauche du ruisseau de la Combe Jacques jusqu'aux chalets du Cohard (1 200 m) ❶. Les traverser puis prendre à droite ❷ le chemin indiqué « Tour du Pays d'Allevard » qui monte en forêt plein nord. Franchir une zone plus soutenue (lacets, point 1 441 m) ❸ ; le chemin repart à droite (est) pour déboucher dans une belle clairière où se trouve, un peu plus haut, le chalet de l'Aup Bernard (1 575 m) ❹.

Relativement facile, cet itinéraire nécessite cependant un minimum de flair pour ne pas perdre la trace du chemin dans la zone pentue vers 1 440 m. Les plus courageux peuvent continuer au-delà du chalet, au nord, pour atteindre la crête du Praillet, 1 737 m (1 h de plus). Il est également possible de monter au Praillet en partant de la Bourlière (au-dessus de Pinsot).

Aux environs du parking de la Bourgeat Noire.

Accès : Allevard, Pinsot, Gleyzin
Départ : parking de la Bourgeat Noire, à Gleyzin (gîte)
Dénivelée : 300 m
Durée : 2 h 30
Distance : 4 km
Carte : 3433 OT

35 - Le chalet du Bout (1 398 m)

Nov. Déc. Jan. Fév. Mars Avril Mai Juin

Niveau 1 Niveau 2 Niveau 3 Niveau 4

Au-dessus des sapins, le cirque du Gleyzin.

Du parking (1 100 m) ⓿, démarrer par le chemin du refuge de l'Oule. Le quitter rapidement pour prendre à droite ❶ le chemin du chalet du Bout et franchir le torrent du Gleyzin (pont) ❷. Le chemin repart à droite et monte de façon soutenue. Après deux lacets (laisser un chemin qui part à gauche) et une montée sur un chemin large mais pentu, déboucher dans une petite clairière où est niché le chalet du Bout (1 398 m) ❸. Juste au-dessus, une autre clairière abrite un sapin plusieurs fois centenaire.

Si la balade est courte, la pente est forte… mais raisonnable, en tout cas sans dangers objectifs et relativement brève. Une bonne option pour un après-midi d'hiver.

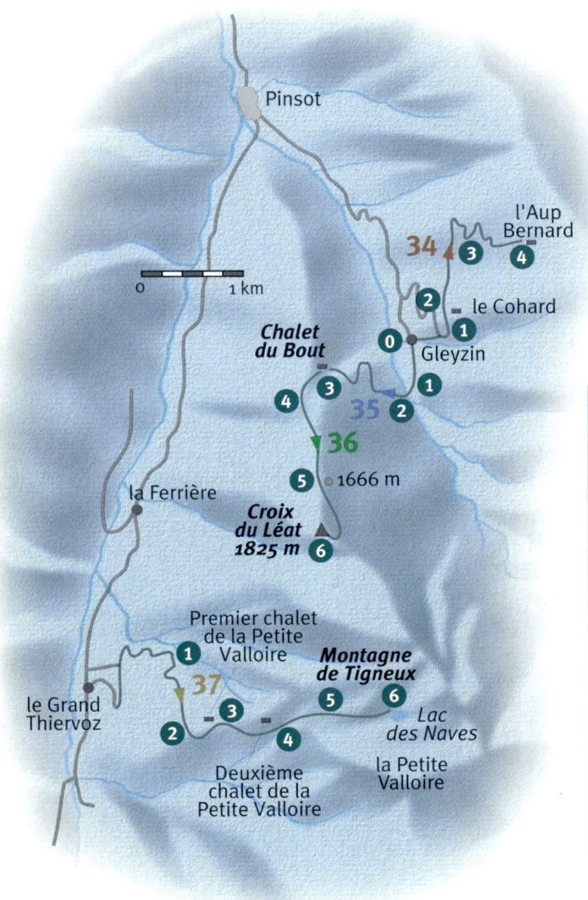

Tout près du chalet du Bout.

36 - La croix du Léat (1 825 m)

Nov. Déc. Jan. Fév. Mars Avril Mai Juin

Niveau 1 Niveau 2 Niveau 3 Niveau 4

Accès : Allevard, Pinsot, Gleyzin
Départ : parking de la Bourgeat Noire, à Gleyzin (gîte)
Dénivelée : 725 m
Durée : 4 h 30
Distance : 8 km
Carte : 3433 OT

Du parking (1 100 m) ⓿, démarrer par le chemin du refuge de l'Oule. Le quitter rapidement pour prendre à droite ❶ le chemin du chalet du Bout et franchir le torrent du Gleyzin (pont) ❷. Le chemin repart à droite et monte de façon soutenue. Après deux lacets (laisser un chemin qui part à gauche) et une montée sur un chemin large mais pentu, déboucher dans une petite clairière où est niché le chalet du Bout (1 398 m) ❸. Monter au-dessus dans une autre clairière et repartir à gauche sur un large chemin plein sud ❹. Le suivre jusqu'à une zone où la large croupe sur laquelle il se trouve se raidit. Par quelques petits lacets à droite atteindre la lisière de la forêt au point 1 666 m ❺. Continuer sur la crête. Pour atteindre la croix du Léat, soit gravir l'arête finale, soit contourner le sommet par la gauche en visant un collu (sud-est) situé au-delà du sommet (1 825 m) pour revenir ensuite sur celui-ci ❻.

Non nommée sur IGN (point coté 1 825 m), la croix du Léat est un magnifique belvédère aérien sur cette partie sauvage des Sept-Laux, et tout particulièrement sur le vallon de l'Oule, tandis qu'à l'ouest s'étire l'échine nordique du Grand Rocher.

Les dernières pentes de la croix du Léat. Au fond, on remarque l'impressionnant couloir du col du Pertuis.

Raquettes Snowboard

Nombre de sorties présentées dans cet ouvrage sont faisables en snowboard à la descente. L'auteur y a d'ailleurs pris un certain plaisir : dévaler en grandes courbes et en quelques inoubliables minutes l'itinéraire tracé à la montée... en quelques heures. Un moment intense et rare quand la poudreuse est au rendez-vous. Les raquettes deviennent alors un outil de liberté au service du snowboard. Un rêve qui fait des envieux, quand, aux environs d'une remontée mécanique, à la Croix de Chamrousse ou ailleurs, on s'échappe de la foule, surf aux pieds et raquettes sur le sac à dos...

Depuis la croix du Léat, les pointes de la Porte d'Église.

37 - Montagne de Tigneux – Lac des Naves (2 120 m)

Accès : Allevard, Pinsot, le Grand Thiervoz
Départ : le Grand Thiervoz, parking au-dessus dans le virage avant les Moilles
Dénivelée : 1 100 m
Durée : 4 h 30
Distance : 8 km
Carte : 3433 OT

Nov. Déc. Jan. Fév. Mars Avril Mai Juin

Niveau 1 Niveau 2 Niveau 3 Niveau 4

Du virage ⓿ (1 020 m), remonter la route à gauche et continuer sur une piste forestière. Prendre à droite ❶ une piste qui monte dans la forêt régulièrement avant de tourner à droite (sud) pour prendre rapidement de l'altitude. Après un court lacet à gauche, revenir au sud pour longer une zone déboisée ❷. Partir à gauche pour traverser cette zone sous l'orée de la forêt avant de monter en passant au-dessus des ruines du premier chalet de la Petite Valloire (1 542 m). Tirer à droite pour sortir de la forêt ❸ en franchissant à droite une croupe dénudée pour contourner la montagne de Tigneux. Atteindre le deuxième chalet de la Petite Valloire (1 779 m, refuge communal) ❹. Continuer au-dessus, au nord-est, dans les vastes champs de neige à droite de la montagne de Tigneux pour atteindre un replat vers 1 900 m ❺. Gravir au-dessus une pente soutenue pour atteindre le cirque de la Petite Valloire et le lac des Naves, complètement enfoui sous la neige, (2 120 m) ❻.

Après une montée soutenue en forêt (qui garde longtemps la poudreuse vu l'orientation), l'arrivée dans les alpages lumineux et déserts de la montagne de Tigneux est un plaisir rare. Le cirque de la Petite Valloire est l'écrin dans lequel se niche le lac des Naves, point de départ d'une descente d'anthologie pour ceux qui ont monté le snowboard...

Le deuxième chalet de la Petite Valloire à 1 779 m.

Depuis le Grand Rocher, vue sur les Sept-Laux.

38 - Le Grand Rocher (1 926 m)

Nov. | Déc. | Jan. | Fév. | Mars | Avril | Mai | Juin

Niveau 1 | Niveau 2 | Niveau 3 | Niveau 4

Accès: Allevard, Pinsot, les Millets (1 km avant Fond de France)
Départ: parking de la Maison de la Nature aux Millets
Dénivelée: 880 m
Durée: 6 h 00
Distance: 13 km
Carte: 3433 OT

Du parking (1 050 m) ⓿, monter par des prés en haut de la Bourgeat. Franchir un pont et prendre à gauche la route des Chapelles. Quand elle tourne à droite (colonie de vacances), continuer tout droit ❶. Le chemin suit un ruisseau avant de le traverser à gauche, puis s'élève dans la forêt jusqu'à des ruines ❷ (1 350 m) et une zone déboisée. Poursuivre au-dessus en remontant (ouest) des croupes découvertes. Choisir les pentes les moins soutenues et tirer à gauche à la fin pour rejoindre le col de Merdaret (1 798 m) ❸. Suivre la large ligne de crête à droite (plein nord) pour atteindre le Grand Rocher (1 926 m) ❹. Au retour, au niveau du Cul de Pet, couper en descendant à gauche ❺ par des pentes peu inclinées pour rejoindre l'itinéraire de montée.

Orientation

Découvrir la montagne hivernale, c'est aussi faire attention à l'orientation : une randonnée dont les pentes finales sont orientées à l'est nécessitera un départ beaucoup plus matinal qu'une balade orientée à l'ouest. Une pente orientée au nord gardera une neige poudreuse beaucoup plus longtemps qu'une autre, chauffée au soleil de midi : les conditions en montagne varient et il faut savoir s'adapter aux (bons) versants en fonction des conditions de gel, de neige, et... d'orientation.

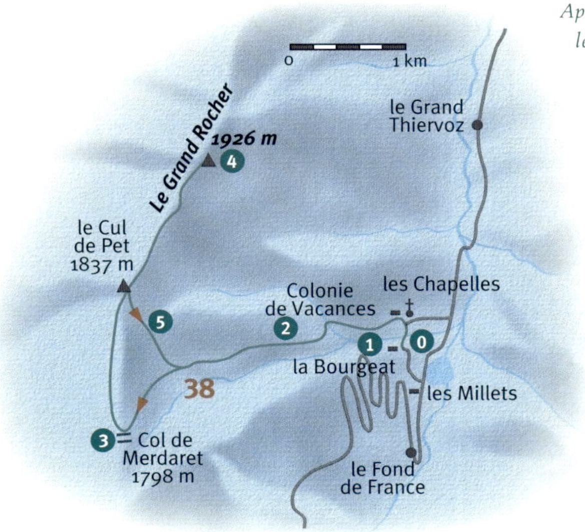

Après une montée sympathique dans les bois, des pentes agréables livrent l'accès à la débonnaire crête du Grand Rocher, paysage curieusement importé du Vercors ou, plus justement, du Jura. Le panorama est immense, et on aura tout le temps d'en profiter.

Faire attention à ne pas couper les pistes de ski de fond tracées dans le secteur. Il est possible de faire cette balade sans la montée en utilisant le télésiège de la Pincerie (au départ de la station du Pleynet).

Depuis les environs du crêt Luisard, vue sur l'échine tranquille du Grand Rocher.

Secteur du col du Barioz – Saint-Pierre-d'Allevard

Paradis de toutes les activités nordiques, le col du Barioz est parfois très fréquenté, notamment le circuit balisé raquettes vers le refuge du Crêt du Poulet. Néanmoins, une fois dépassées les pistes de fond, chacun pourra tracer à sa guise son chemin en montant au crêt Luisard. Moult variantes sont possibles dans ce terrain éminemment raquettable entre les bosquets de sapins. On peut d'ailleurs rejoindre ce secteur en faisant la traversée de toute la crête depuis le lac des Tavernes : à réserver aux plus sportifs, ou prévoir une navette de voiture. En résumé, si vous cherchez un secteur d'initiation à la raquette, celui-ci fera très bien l'affaire, d'autant que la vue sur les hauts sommets des Sept-Laux est somptueuse.

39 - Lac des Tavernes (1 560 m)

Nov.	Déc.	Jan.	Fév.	Mars	Avril	Mai	Juin

Niveau 1	Niveau 2	Niveau 3	Niveau 4

Accès : par la D 108 depuis la route Allevard - Saint-Pierre-d'Allevard
Départ : Montouvrard
Dénivelée : 660 m
Durée : 4 h 30
Distance : 10 km
Carte : 3433 OT

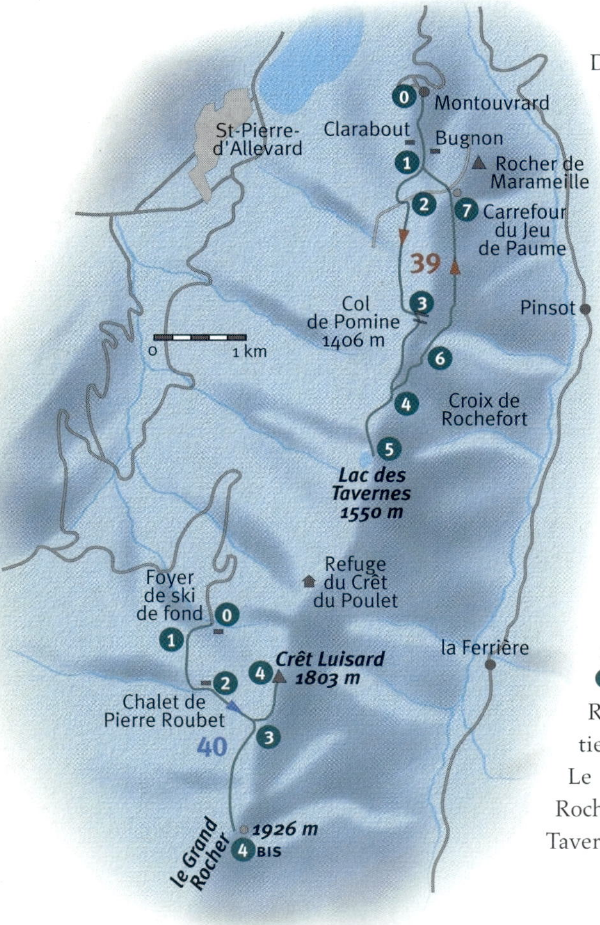

Depuis Montouvrard ⓿, suivre le sentier du « Tour du Pays d'Allevard » qui rejoint rapidement la route qui monte à Clarabout. L'emprunter puis couper en montant au sud-est à travers une zone peu boisée pour atteindre Bugnon. Peu après, à une bifurcation, prendre à droite ❶ puis, 400 m plus loin, à gauche. Atteindre un nouvel embranchement, prendre à gauche puis très rapidement à droite ❷ une piste qui se transforme en chemin. Laisser à droite deux chemins pour continuer à monter et, après avoir obliqué à gauche, arriver au col de Pomine ❸. Suivre à droite la crête de Rochefort pour rejoindre le sentier « Tour du Pays d'Allevard ». Le suivre, dépasser la croix de Rochefort ❹ pour atteindre le lac des Tavernes (1 560 m) ❺. Au retour, sui-

En montant au crêt Luisard. À la descente, le plaisir du snowboard entre les sapins !

vre intégralement le sentier ❻ du « Tour du Pays d'Allevard » en passant par le carrefour du Jeu de Paume (1 160 m) ❼ puis le parcours suivi à l'aller.

Les familles voulant faire une balade d'initiation plus courte peuvent se contenter du superbe belvédère du rocher de Marameille (1 130 m), que l'on atteint en montant directement au carrefour du Jeu de Paume.

Accès : col du Barioz (Goncelin, Theys)
Départ : foyer de ski de fond de Saint-Pierre-d'Allevard (5 km de route forestière à partir du col du Barioz)
Dénivelée : 500 m
Durée : 3 h 30
Distance : 7,5 km
Carte : 3433 OT

40 - Crêt Luisard – Grand Rocher (1 926 m)

Nov.	Déc.	Jan.	Fév.	Mars	Avril	Mai	Juin

Niveau 1	Niveau 2	Niveau 3	Niveau 4

Du foyer (1 430 m) ⓿, longer la piste de fond sur 200 m, puis prendre un chemin à gauche ❶. Monter dans la forêt en coupant deux fois la piste de fond pour atteindre un alpage où se trouve le chalet de Pierre Roubet (1 550 m) ❷. Partir au-dessus un peu à droite (est) et remonter une zone peu boisée. Obliquer peu à peu à droite (sud) au milieu des bosquets de sapins et sortir dans l'alpage de Pierre Roubet vers 1 720 m. Tirer à droite pour gagner un replat vers 1 800 m ❸. De là, soit filer à gauche plein nord pour gagner le crêt Luisard (1 803 m) ❹, petite bosse sur la crête, soit suivre la large crête à gauche pour monter au Grand Rocher (1 926 m) ❹bis en évitant les pistes de fond.

Malgré la présence de pistes de fond, cet itinéraire est un plaisir, notamment la zone clairsemée au-dessus du chalet de Pierre Roubet où l'on peut tracer son itinéraire à son gré. Grâce à l'absence quasi certaine de danger d'avalanches, cette balade est à garder pour les périodes de fort enneigement et/ou par temps douteux.

Secteur de Prabert

S'il y a un endroit dans la région où l'on peut mesurer la portée de la randonnée hivernale sous toutes ses formes, c'est Prabert. Parfois victime de son succès certains dimanches, le vallon du Vénétier a tout pour plaire, il est vrai, aux nombreux skieurs de randonnée et aussi aux raquettistes : une approche relativement courte, et surtout des objectifs de premier choix dans un cadre enchanteur.

41 - Lacs du Vénétier (2 156 m)

Nov. | Déc. | Jan. | Fév. | Mars | Avril | Mai | Juin

Niveau 1 | Niveau 2 | Niveau 3 | Niveau 4

Accès : Brignoud, Laval, Prabert
Départ : parking d'hiver vers 1 280 m, terminus de la route au-dessus de Prabert
Dénivelée : 880 m
Durée : 6 h 00
Distance : 10 km
Carte : 3335 ET

Depuis le parking 0, suivre la route jusqu'à une épingle. Quitter la route et prendre un chemin 1 qui monte droit et rejoint la piste au-dessus au niveau de la barrière. Prendre le chemin qui monte à gauche 2 vers le habert de Muret et s'élève dans le vallon. Passer près des dispositifs anti-avalanches (sous le Jas des Lièvres) et, après quelques petits raidillons, sortir de la forêt. Laisser le habert d'Aiguebelle (fermé) à gauche 3 et remonter une première croupe. Atteindre une zone peu pentue et laisser à droite l'itinéraire pour le col de l'Aigleton. Franchir une série de croupes plus raides 4 pour rejoindre le replat où se trouvent les lacs du Vénétier (2 156 m) 5.

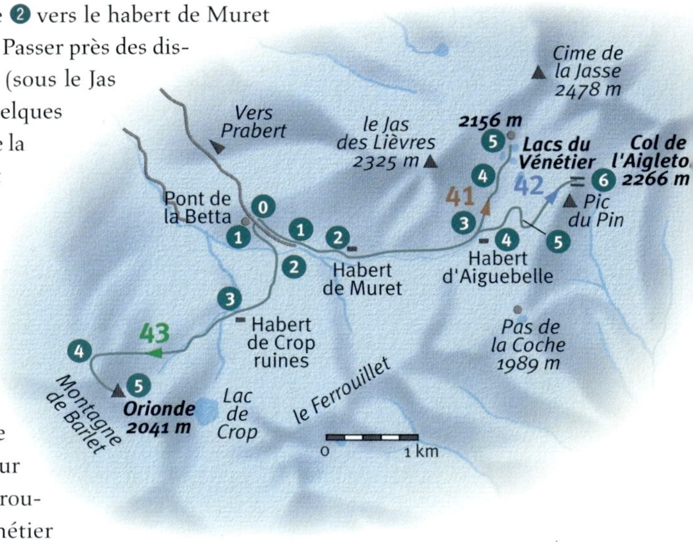

Il faut savoir qu'en fonction de l'enneigement, la route peut être bloquée dès la sortie de Prabert, à 1 000 m d'altitude et 3,5 km du départ indiqué. Mieux vaut donc attendre le déneigement naturel pour venir dans ce beau vallon, où la neige reste très tard. Au-dessus des lacs du Vénétier, les pentes de la cime de la Jasse sont tentantes mais raides (30°, crampons conseillés).

Dans le vallon du Vénétier, vue sur la pointe du Sifflet.

Accès: Brignoud, Laval, Prabert
Départ: parking d'hiver vers 1 280 m, terminus de la route au-dessus de Prabert
Dénivelée: 990 m
Durée: 5 h 30
Distance: 11 km
Carte: 3335 ET

42 - Col de l'Aigleton (2 266 m)

Nov. Déc. Jan. Fév. Mars Avril Mai Juin

Niveau 1 Niveau 2 Niveau 3 Niveau 4

Depuis le parking ⓿, suivre la route jusqu'à une épingle. Quitter la route et prendre un chemin ❶ qui monte droit et rejoint la piste au-dessus au niveau de la barrière. Prendre le chemin qui monte à gauche ❷ vers le habert de Muret et s'élève dans le vallon. Passer près de dispositifs anti-avalanches (sous le Jas des Lièvres) et, après quelques petits raidillons, sortir de la forêt. Laisser le habert d'Aiguebelle (fermé) à gauche ❸ et remonter une première croupe. Atteindre une zone peu pentue et la remonter pour se rapprocher de l'échine sud des rochers de la dent du Pra ❹. Bifurquer à droite et remonter de gauche à droite une croupe raide ❺, puis repartir à gauche dans le vallon. Après un nouveau passage raide sous le pic du Pin, atteindre un beau petit cirque puis, par une pente à gauche, le col de l'Aigleton (2 266 m) ❻.

Raquettes-snowboard au Vénétier. Au fond à droite, Orionde.

Le cirque final avant l'arrivée au col est de toute beauté, très typé haute montagne. Attention aux risques d'avalanches, il faut attendre que les pentes ouest du pic du Pin soient purgées pour se lancer dans cet itinéraire splendide mais technique.
Ceux qui recherchent plus court et moins difficile peuvent monter au pas de la Coche (1 989 m).

Accès: Brignoud, Laval, Prabert
Départ: parking d'hiver vers 1 280 m, terminus de la route au-dessus de Prabert
Dénivelée: 780 m
Durée: 5 h 30
Distance: 12 km
Carte: 3335 ET

43 - Orionde (2 041 m)

Nov. Déc. Jan. Fév. Mars Avril Mai Juin

Niveau 1 Niveau 2 Niveau 3 Niveau 4

Depuis le parking vers 1 280 m ⓿, monter au parking d'été (vers 1 300 m). Prendre à droite ❶ une piste forestière (en contrebas de celle qui monte au Vénétier) jusqu'au pont de la Betta. Ne pas continuer sur la piste à droite qui va à pré Marcel, mais prendre à gauche ❷ un chemin raide qui monte dans la forêt. À un embranchement, partir à droite. Le chemin devient presque plat avant de croiser le ruisseau de Crop à 1 410 m (passerelle si peu de neige) ❸. De là, si l'enneigement est abondant, monter directement dans le vallon. Si les vernes ne sont pas couchées, emprunter plutôt le chemin rive gauche du ruisseau. À 1 650 m, quitter l'axe du vallon et prendre au plus facile en tirant à droite (ouest). Atteindre la croupe de la montagne de Barlet vers 1 850 m ❹ et remonter la large crête nord-est. Se tenir plutôt versant ouest (Grésivaudan) pour atteindre l'accueillant sommet d'Orionde (2 041 m) ❺.

Outre le fait d'offrir une très belle vue sur le Grand Replomb, cet itinéraire a comme autre qualité d'être abordable : il suffit d'être attentif au niveau du pont de la Betta pour ne pas prendre la mauvaise piste. Ensuite, la pente reste modérée, et le cheminement relativement facile. Les risques objectifs sont assez limités dans le secteur, mais l'orientation oblige à un départ matinal en fin de saison.

Ambiance haute montagne et plénitude à l'arrivée au col de l'Aigleton.

Secteur de l'envers de Belledonne – Le Rivier-d'Allemont

Au bout de la vallée de l'Eau d'Olle, le Rivier-d'Allemont marque en hiver le terminus de la route déneigée. Après une montée parfois rude en forêt, les itinéraires de ce secteur réservent de superbes alpages lumineux, récompense de ceux qui se lèveront tôt. La raquette de printemps est à l'honneur, sachant qu'ici celui-ci vient parfois tôt, déneigeant les parties boisées délicates pour transformer rapidement la neige en altitude, pour notre plus grand plaisir.

44 - Pas de la Coche (1 989 m)

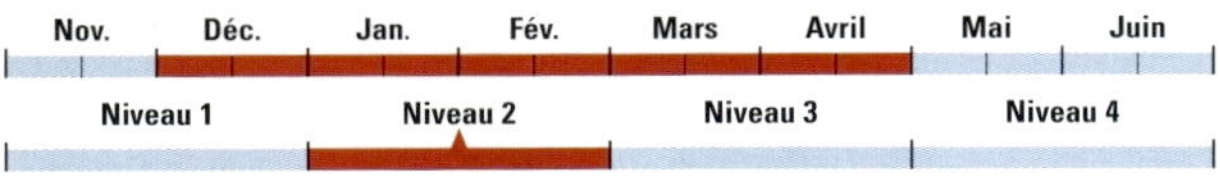

Accès: le Rivier-d'Allemont, vallée de l'Eau d'Olle
Départ: parking dans le village
Dénivelée: 725 m
Durée: 4 h 00
Distance: 8 km
Carte: 3335 ET

Du parking du village (1 265 m) ⓿, remonter à gauche (ouest) les champs enneigés. Passer sous un vieux téléski ❶ pour trouver la trace du GR 549 qui s'élève au nord. Franchir une zone plus raide au-dessus du ruisseau des Combes (prudence en cas de neige dure) et sortir de la forêt vers 1 650 m ❷. Obliquer à gauche (sud) et traverser pour rejoindre la combe ❸ où se trouvent le GR et la ligne électrique. Remonter cette combe pour atteindre le lac puis le pas de la Coche (1 989 m) ❹.

La plus accessible des balades en raquettes du versant est de Belledonne qui nécessite toutefois un départ matinal pour bénéficier d'une neige portante (orientation est !).

Avec le même point de départ, il est possible de monter au col de l'Aigleton (voire d'effectuer le tour du pic du Pin) : suivre le ruisseau des Combes, franchir un ressaut raide vers 1 900 m et, à 2 150 m, obliquer à gauche (ouest) pour atteindre le col de l'Aigleton (2 266 m, niveau 3, 1 000 m de dénivelée). Départ très matinal impératif !

45 - Pointe du Sciallet (2 312 m)

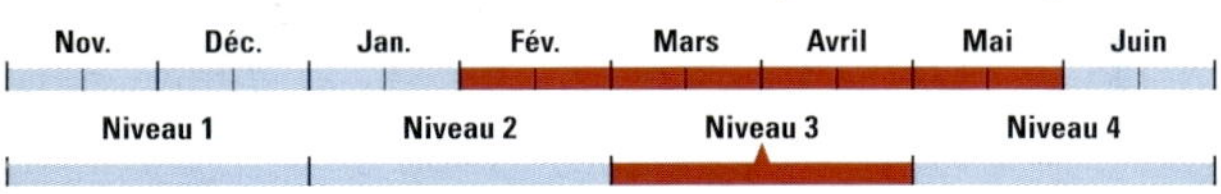

Accès: le Rivier-d'Allemont, vallée de l'Eau d'Olle
Départ: parking dans le village
Dénivelée: 1 050 m
Durée: 6 h 00
Distance: 9 km
Carte: 3335 ET

Du parking du village (1 265 m) ⓿, revenir sur ses pas pour prendre à droite (ouest) la petite route des Roncières. Passer devant la chapelle et rejoindre le terminus de la route 500 m plus loin. Après le pont qui enjambe le Bruyant, prendre à droite ❶ le sentier qui monte en rive droite du torrent (prudence en cas de neige dure). Sortir de la forêt vers 1 680 m ❷ et remonter les alpages jusqu'à un replat vers 2 050 m ❸. Laisser les traces qui montent au Ferrouillet à gauche et obliquer à droite (nord) pour traverser le vallon de la Grande Montagne ❹ sous le flanc est de la pointe de la Scia. Tirer un peu à gauche pour remonter (nord-ouest) les pentes plus soutenues du col de la Scia (ou col de Crop, 2 261 m) ❺. Suivre l'arête à droite pour gagner la pointe du Sciallet (2 312 m) ❻. À la descente, on peut éviter de revenir au col en descendant directement les pentes sud-est sous le sommet.

Attention, à la lisière de la forêt, certains passages à flanc peuvent être très délicats (traces de ski gelées) en fonction de la qualité de la neige. Depuis le sommet, le panorama est splendide sur le Grand Pic de Belledonne, les Sept-Laux et les Grandes Rousses.

Accès: le Rivier-d'Allemont, vallée de l'Eau d'Olle
Départ: parking dans le village
Dénivelée: 1220 m
Durée: 7h00
Distance: 11 km
Carte: 3335 ET

46 - Brèche de Roche Fendue (2480 m)

Nov. Déc. Jan. Fév. Mars Avril Mai Juin

Niveau 1 Niveau 2 Niveau 3 Niveau 4

Du parking du village (1265 m) ⓿, revenir sur ses pas pour prendre à droite (ouest) la petite route des Roncières. Passer devant la chapelle et rejoindre le terminus de la route 500 m plus loin. Après le pont qui enjambe le Bruyant, prendre à droite ❶ le sentier qui monte en rive droite du torrent (prudence en cas de neige dure).

Sortir de la forêt vers 1680 m ❷ et remonter les alpages jusqu'à un replat vers 2050 m ❸. Poursuivre à gauche (ouest) d'abord par un ressaut raide puis dans des pentes agréables en laissant à droite la cuvette des Trois Laux : passer à gauche ❹ du mamelon coté 2327 m sur la carte IGN. Tirer à gauche (sud-ouest) pour atteindre la brèche de Roche Fendue, (2480 m) ❺.

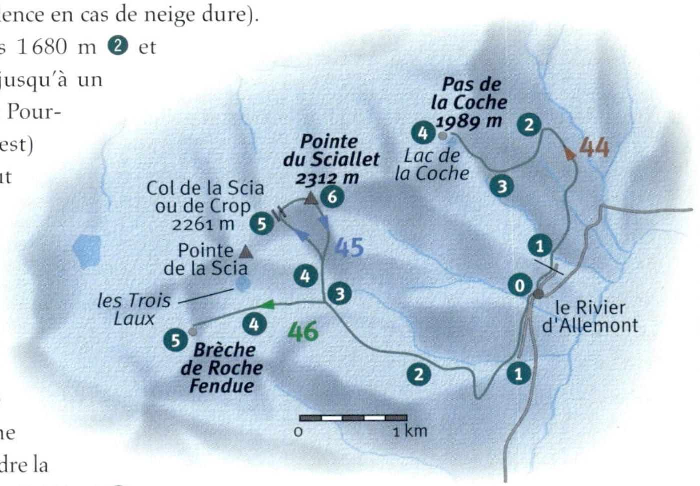

Il faut tirer au mieux parti du terrain en sachant zigzaguer pour éviter les contre-pentes les plus raides, notamment avant 2000 m et au-dessus. Juger les conditions idéales (neige dégelée en surface) est plus que recommandé pour éviter de transformer cette rando déjà bien longue en galère dans une neige transformée en soupe. Au printemps, le déneigement de la partie basse permettra de gagner du temps sur l'horaire et de profiter au mieux de la partie située en altitude.

Vue sur le pic de la Belle Étoile (à gauche).

Secteur de l'envers de Belledonne – Allemond

Contrairement à ce que l'on imagine parfois, le versant est de Belledonne recèle plusieurs possibilités, en tout cas pour la raquette de printemps. Outre le pas du Bessey, on peut envisager, au départ d'Articol (entre Allemond et le Rivier-d'Allemont) le lac de la Balmette, juste au-dessus duquel se trouve un beau belvédère. Ou encore, au départ du Rivier, le col de Roche Noire. L'idéal étant, au printemps, de ne trouver de la neige qu'à partir de 1 700 m environ.

47 - Pas du Bessey (2 020 m)

Nov.	Déc.	Jan.	Fév.	Mars	Avril	Mai	Juin
			■	■	■	■	

Niveau 1	Niveau 2	Niveau 3	Niveau 4
	■	■	

Accès : Allemond, vallée de l'Eau d'Olle
Départ : du barrage, prendre la route jusqu'au hameau de la Traverse. Parking au-dessus dans l'épingle à droite (terminus de la route déneigée)
Dénivelée : 850 m
Durée : 5 h 30
Distance : 10 km
Carte : 3335 ET

Du parking (1 170 m) ⓿, suivre la route de Coteyssart non déneigée (coulées d'avalanches éventuelles à franchir) jusqu'aux ruisseaux de la Dreyta et de Coteyssart. Au niveau du ruisseau de Coteyssart, remonter à gauche ❶, pour trouver la trace du sentier vers 1 330 m. Le suivre (plein nord) ❷. Vers 1 560 m, il oblique au sud et, par deux lacets, débouche de la forêt pour atteindre le chalet du Chazeau (1 778 m) ❸. Conti-

L'impressionnant versant est du Grand Pic de Belledonne. À gauche, le sommet neigeux est celui de la croix de Belledonne.

nuer au nord-ouest en prenant peu d'altitude, à la limite de la forêt, avant de tirer à gauche (ouest) ❹ dans une combe plus raide. Atteindre le pas du Bessey (2020 m), peu marqué, sur une épaule sous la Barre des Écus ❺.

La vue est extraordinaire sur tout le cirque du versant est du Grand Pic de Belledonne. Par ailleurs, il est envisageable, au printemps, de poursuivre jusqu'au lac de Belledonne, au pied de ce cirque : continuer au nord-ouest et gravir les pentes raides sous le lac pour atteindre celui-ci (1 h 30 aller-retour depuis le Bessey). Attention aux risques d'avalanches (format XXL) le long de la route de Coteyssard.

Secteur de Freydière

Haut lieu du ski de randonnée, Freydière est pourtant un départ ingrat, même en raquettes, atténué parfois par un déneigement aussi tardif qu'aléatoire. Si les classiques sont noyées sous la neige, on peut se contenter d'une balade tranquille jusqu'à la baraque des Carriers, vers l'aire de parapente (1 430 m).

48 - Baraque du Colon (1 748 m)

Nov. Déc. Jan. Fév. Mars Avril Mai Juin

Niveau 1 Niveau 2 Niveau 3 Niveau 4

Accès : Domène, Revel, Granges de Freydière
Départ : Freydière. À partir du mois d'avril, la route est souvent déneigée jusqu'à l'embranchement des Quatre Chemins (1 283 m)
Dénivelée : 620 m
Durée : 4 h 00
Distance : 10 km
Carte : 3335 OT

Du parking de Freydière (1 131 m) ⓿, suivre la route qui monte à droite jusqu'à l'embranchement des Quatre Chemins à 1 283 m ❶. Prendre à droite (sud) la piste forestière qui traverse en balcon sous la face ouest du Grand Colon. Vers l'aire d'envol de parapente (1 420 m env.), prendre une piste à gauche ❷ qui monte en forêt et croise le sentier d'été vers 1 600 m. Le suivre, il s'élève en forêt (lacets) avant d'en sortir peu à peu ❸. Remonter pleine pente en tirant un peu à droite pour atteindre la bergerie de la baraque du Colon (1 748 m, abri ouvert, poêle à bois) ❹.

Cette balade est à peu près à l'abri des coulées, ce qui n'est pas le cas de l'itinéraire qui mène au sommet du Grand Colon (2 394 m). Depuis la baraque du Colon, il faut traverser à droite des pentes exposées avant de gravir la croupe sud-ouest du Grand Colon et atteindre le plateau sommital par une traversée à gauche (crampons recommandés, niveau 3/4).

Le lac du Crozet version hivernale.

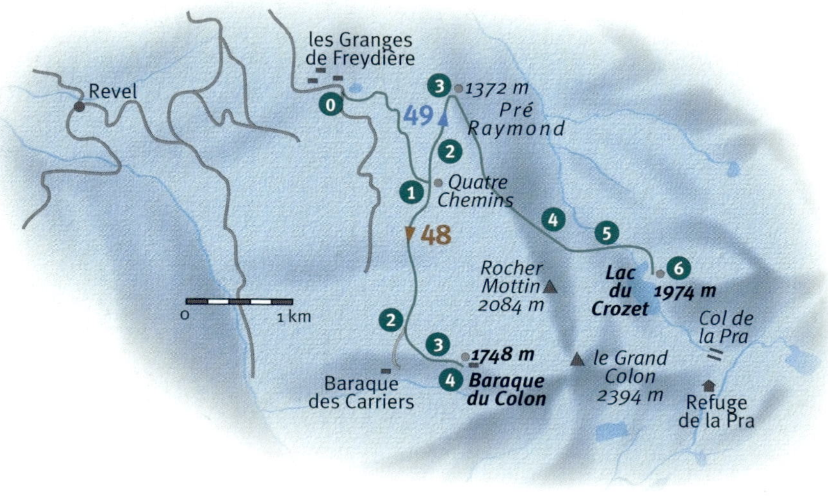

Accès : Domène, Revel, Granges de Freydière.
Départ : Freydière. À partir du mois d'avril, la route est souvent déneigée jusqu'à l'embranchement des Quatre Chemins (1 283 m)
Dénivelée : 850 m
Durée : 5 h 00
Distance : 11 km
Carte : 3335 OT

49 - Lac du Crozet (1 974 m)

Nov.	Déc.	Jan.	Fév.	Mars	Avril	Mai	Juin

Niveau 1	Niveau 2	Niveau 3	Niveau 4

Du parking de Freydière (1 131 m) ⓿, suivre la route qui monte à droite jusqu'à l'embranchement des Quatre Chemins à 1 283 m ❶. Prendre à gauche la piste de Pré Raymond (1 372 m) ❷. De là, suivre la piste à droite (panneau refuge de la Pra) ❸; après une boucle, atteindre un replat, puis la piste se raidit et se transforme en sentier qui remonte l'épaule nord du Grand Colon (lacets en forêt). Par une traversée à flanc ❹ sous le rocher Mottin, atteindre le vallon au pied de la face nord du Grand Colon. Remonter une croupe à gauche et poursuivre au-dessus en tirant à gauche ❺. Contourner la dernière pente raide qui soutient le lac du Crozet (conduite forcée) par la gauche et arriver à celui-ci (1 974 m) ❻.

Au printemps, par bonnes conditions, on monte parfois en voiture jusqu'à pré Raymond, ce qui raccourcit considérablement la balade. La traversée rive droite au-dessus du lac pour monter au col de la Pra reste souvent difficile et exposée (crampons obligatoires), c'est pourquoi nous ne la proposons pas dans ce guide. Pour se rendre au refuge de la Pra, voir it. 57.

Raquette de printemps

La raquette n'est pas qu'un moyen de découvrir la montagne hivernale. C'est aussi le moyen, aux beaux jours du printemps, d'aller en altitude, découvrir des sommets inconnus ou rejoindre des refuges aux portes de la haute montagne. En avril, mai et juin, on peut ainsi profiter de randos où l'on alterne les parties déneigées des zones encore enneigées, raquettes sous les pieds ou sur le dos. Conditions : partir très tôt le matin pour éviter la chaleur et la fonte de l'après-midi, et, éventuellement, se munir de crampons et d'un piolet pour les zones de névés gelées le petit matin ou restées à l'ombre.

Le lac du Crozet au mois de mai. Au fond à gauche le Galeteau.

Secteur d'Uriage

Réserve naturelle, le lac du Luitel est bien silencieux en hiver. Tout proche, le pic de l'Œilly est un sympathique petit sommet à s'offrir quand l'enneigement est maximum, ou le temps incertain. À deux pas de Grenoble, ne boudons pas notre plaisir.

50 - Pic de l'Œilly (1 547 m)

Nov.	Déc.	Jan.	Fév.	Mars	Avril	Mai	Juin

Niveau 1	Niveau 2	Niveau 3	Niveau 4

Accès : Uriage, route de Chamrousse par Rocher Béranger
Départ : lac Luitel, sur la D 111 en montant à Roche Béranger.
Parking au bord du lac, sur la route de Séchilienne
Dénivelée : 290 m
Durée : 2 h 30
Distance : 6 km
Carte : 3335 OT

Du parking (1 262 m) ⓿, prendre la piste forestière (GR 549) qui part à gauche (ouest) du lac. Suivre cette piste ❶ appelée chemin Vernet sur 1,5 km environ avant de prendre à gauche ❷ un sentier qui monte en forêt. Après un lacet à gauche, ne pas continuer sur le sentier, mais tirer tout droit pour atteindre une zone d'arbustes. Tirer à droite (est) ❸ pour arriver sur une croupe dénudée, le sommet du pic de l'Œilly ❹. Revenir sur ses pas et suivre la crête au sud-ouest en légère descente pour atteindre le col de Pousseboeuf (clairière) ❺. Prendre un chemin à droite qui descend et rejoint le chemin Vernet au niveau de la baraque Pagnot ❻. Le suivre à droite pour rejoindre la partie empruntée au départ.

Tout proche, le Taillefer semble, vu d'ici, un sommet himalayen égaré en Isère.
On peut rallonger la boucle en descendant sur une piste jusqu'à la maison forestière de Prémol.

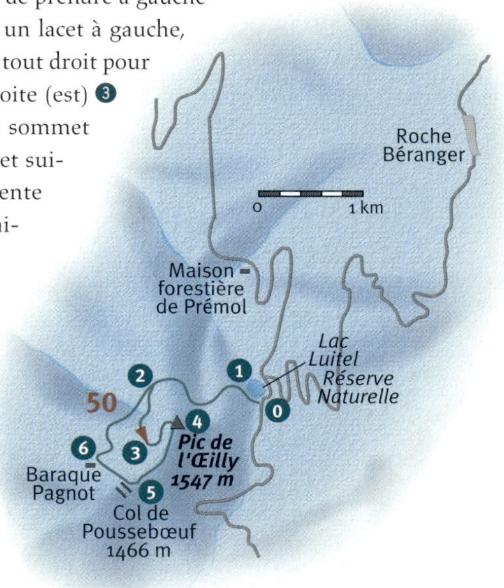

Tracer son chemin dans la poudreuse.

Le dimanche après-midi

Il est midi, le petit déjeuner (sic) est avalé, l'appel du grand air se fait sentir. Certes, plein de balades ne nécessitent pas un lever aux aurores, encore moins sept heures de marche. Alors, si vous décidez de partir tard (le temps de rouler, de s'équiper, etc.) autrement dit de démarrer à deux, voire trois heures de l'après-midi, choisissez bien votre balade : courte, balisée, sans risque d'avalanche de fonte le printemps. Et gardez un ? il sur la météo... et sur votre montre.

Le soleil se couche sur le Taillefer.

Secteur de Chamrousse

Chamrousse est un véritable réservoir de balades en raquettes. Ce n'est pas un hasard : un terrain moins pentu qu'ailleurs en Belledonne, des parcours variés, du facile en forêt et du plus difficile au caractère très alpin, une dénivelée souvent très raisonnable et ceci en partie grâce à la présence d'un téléphérique (pour certaines randos)... Bref, Chamrousse réserve quelques best-sellers de la raquette où vous ne serez probablement pas seuls, mais encore moins déçus par la variété et la splendeur des paysages.

Accès : route de Chamrousse par le Recoin
Départ : parking du téléski de Casserousse, dans une grande épingle à gauche sur la route du Recoin (3e épingle après les Seiglières)
Dénivelée : 420 m
Durée : 3 h 00
Distance : 6 km
Carte : 3335 OT

51 - Crête des Ramettes (1 839 m)

Nov. Déc. Jan. Fév. Mars Avril Mai Juin

Niveau 1 Niveau 2 Niveau 3 Niveau 4

Du grand parking ⓪ (1 420 m), suivre le bout de la route ❶ et la piste qui lui fait suite (au nord) et qui contourne la montagne. Par cette piste, s'élever en forêt (sud) jusqu'à une bifurcation ❷. Prendre à gauche (nord) pour rejoindre la crête des

Depuis la crête des Ramettes, la vue s'étend du Grand Colon (à gauche) à la croix de Chamrousse (à droite).

Ramettes ❸. Remonter la crête au mieux en franchissant un ressaut raide et en évitant les zones de végétation les plus denses pour atteindre un replat dénudé. Gravir une dernière pente plus soutenue pour arriver au sommet (1 839 m) ❹.

Cette balade d'initiation est parfaite pour le raquettiste désireux d'apprendre à évoluer en autonomie, hors traces, puisque sur la crête elle-même il n'y a pas de chemin. Le parcours reste serein, avec sur la fin une large vue sur Grenoble et le Grésivaudan. « Marcher sur la ville », raquettes aux pieds !

Cartes

La montagne pour les nuls ! Sachez qu'une carte IGN est toujours orientée au nord, et que l'équidistance entre deux courbes de niveau est de dix mètres sur une carte au 1/25 000e. Et bannissez les cartes au 1/50 000e, trop imprécises pour la montagne hivernale.

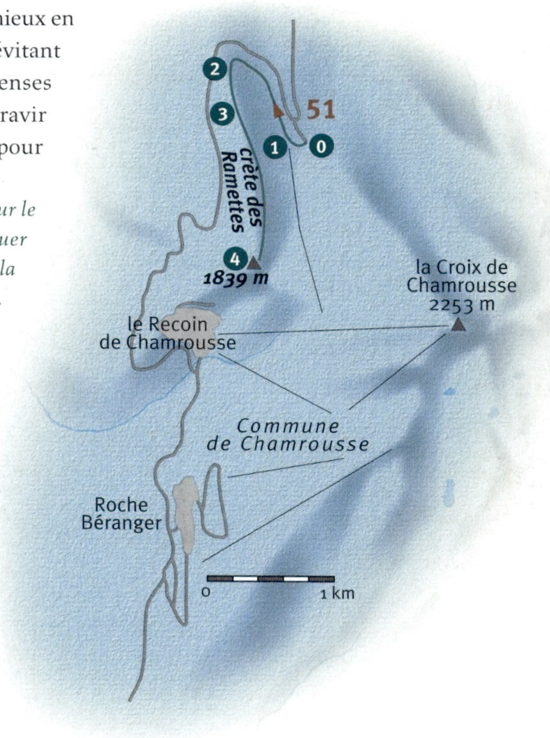

52 - Lac Achard (1 917 m)

Nov. Déc. Jan. Fév. Mars Avril Mai Juin

Niveau 1 Niveau 2 Niveau 3 Niveau 4

Départ : à l'entrée de Roche Béranger, prendre la route à droite pour Bachat Bouloud, parking obligatoire avant le pont (téléskis) au niveau du centre de vacances
Accès : route de Chamrousse par Roche Béranger
Dénivelée : 200 m
Durée : 2 h 30
Distance : 7 km
Carte : 3335 OT

Franchir le pont ⓿ et continuer sur la route jusqu'à Bachat Bouloud (village d'enfants, 1 720 m). Juste avant la première épingle, repérer une trace à gauche ❶ qui part dans la forêt et évite les pistes de fond (itinéraire balisé). Le chemin zigzague en forêt avant de franchir un raidillon vers 1 800 m ❷. Après une petite boucle à droite, atteindre le lac Achard ❸ à sa pointe sud (1 917 m). À ce niveau (panneau indicateur), une trace part au-dessus de la trace de montée ❹. Suivre cette trace en balcon et traverser la forêt en restant à niveau, puis en effectuant une petite descente raide. Poursuivre pour atteindre une piste de ski ❺ que l'on traverse et continuer en face pour revenir tranquillement à Bachat Bouloud.

Traversée sur le lac Achard gelé.

En descendant du lac Achard, la cime des Fraches.

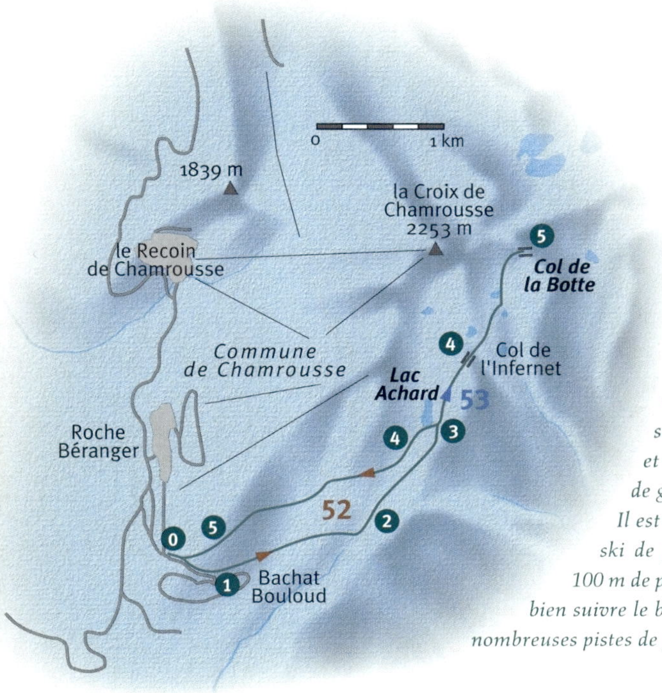

Grande classique, le lac Achard n'en reste pas moins un superbe endroit l'hiver, particulièrement après une période de mauvais temps quand les sapins sont surchargés de poudreuse et les pins à crochets recouverts de givre.

Il est possible de partir du foyer de ski de fond de l'Arselle (30 mn et 100 m de plus de dénivelée). Dans ce cas, bien suivre le balisage raquettes et éviter les nombreuses pistes de fond.

53 - Col de la Botte (2 160 m)

Nov. Déc. Jan. Fév. Mars Avril Mai Juin

Niveau 1 Niveau 2 Niveau 3 Niveau 4

Accès : route de Chamrousse par Roche Béranger
Départ : à l'entrée de Roche Béranger, prendre la route à droite pour Bachat Bouloud, parking obligatoire avant le pont (téléskis) au niveau du centre de vacances
Dénivelée : 450 m
Durée : 4 h 30
Distance : 12 km
Carte : 3335 OT

Franchir le pont ⓿ et continuer sur la route jusqu'à Bachat Bouloud (village d'enfants). Juste avant la première épingle, repérer une trace à gauche ❶ qui part dans la forêt et évite les pistes de fond (itinéraire balisé). Le chemin zigzague en forêt avant de franchir un raidillon vers 1 800 m ❷. Après une petite boucle à droite, atteindre le lac Achard ❸ à sa pointe sud (1 917 m). Monter un peu au-dessus et à droite (rive gauche) du lac pour trouver une trace qui monte à peu près directement au col de l'Infernet (2 040 m) ❹. Poursuivre nord-nord-est par des petits mamelons pour atteindre un cirque sous le sommet de la Botte. Remonter la pente raide pour gagner le col de la Botte (2 160 m) ❺. Au retour, prendre la trace supérieure au bout du lac Achard (cf. itinéraire précédent).

On peut aussi monter à la croix de Chamrousse par le col des Trois Fontaines depuis le col de la Botte (dans le cas d'un retour par le téléphérique, prévoir une navette entre le Recoin et Roche Béranger). Enfin, on peut monter au sommet de la Botte par la crête à droite. L'envers de Chamrousse reste décidément un terrain magnifiquement adapté à la pratique de la raquette.

Vue sur le col de l'Infernet depuis le col de la Botte.

54 - Grand Van (2 448 m)

Nov. Déc. Jan. Fév. Mars Avril Mai Juin

Niveau 1 Niveau 2 Niveau 3 Niveau 4

Accès : Chamrousse, le Recoin 1 650 m.
Départ : croix de Chamrousse, 2 253 m, atteinte en téléphérique (forfait randonneur)
Dénivelée : 400 m
Durée : 4 h 30
Distance : 8 km
Carte : 3335 OT

Depuis la croix de Chamrousse (2 253 m) ⓿, traverser à l'est vers le télésiège des lacs Robert. Descendre sur la piste de ski puis, dans l'épingle à droite (2 160 m), la quitter pour traverser à droite (est) sur 150 m et arriver au col de la Botte (2 160 m) ❶. De là, par une traversée à flanc (gauche), atteindre le col des Lessines en passant sous les rochers de la Bottine (légère descente, puis brève remontée) ❷. De là, remonter soit par des pentes à gauche soit par un petit couloir (passage raide, très délicat si neige dure) dans la combe des Vans à droite (est) ❸. Continuer dans le vallon et obliquer à gauche (nord) pour atteindre par des pentes soutenues le Grand Van (2 448 m) ❹. Au retour, on peut descendre du col des Lessines sur les lacs Robert et emprunter le télésiège pour remonter à la Croix si on a pris le forfait randonneur.

Itinéraire technique en raquettes, à ne pas sous-estimer par sa proximité avec la station : passages à 35° en neige dure et/ou travaillée par le passage des nombreux skieurs de rando (crampons à prévoir). Il est aussi possible de réaliser cet itinéraire en venant du lac Achard par le col de l'Infernet (cf. it. 53). Le sommet des Vans offre un superbe panorama, du Taillefer au pic Blanc.

Depuis le col de la Botte, l'itinéraire du jour : les Vans

55 - Col de la Petite Vaudaine (2 370 m)

Accès : Chamrousse, le Recoin 1 650 m.
Départ : croix de Chamrousse, 2 253 m, atteinte en téléphérique (forfait randonneur)
Dénivelée : 400 m
Durée : 6 h 00
Distance : 11 km
Carte : 3335 OT

Nov.	Déc.	Jan.	Fév.	Mars	Avril	Mai	Juin

Niveau 1	Niveau 2	Niveau 3	Niveau 4

Depuis la croix de Chamrousse (2 253 m) ⓿, traverser à l'est vers le télésiège des lacs Robert. Descendre sur la piste de ski puis, dans l'épingle à droite (2 160 m), la quitter pour traverser à droite (est) sur 150 m et arriver au col de la Botte (2 160 m) ❶. De là, par une traversée à flanc (gauche), atteindre le col des Lessines en passant sous les rochers de la Bottine (légère descente, puis brève remontée) ❷. Descendre aux lacs Robert (1 998 m) ❸. Longer les lacs par la droite, continuer dans le vallon jusque dans une cuvette ❹. Gravir un ressaut raide pour atteindre un collu vers 1 930 m. Remonter une combe à l'est puis, vers 2 100 m, monter à droite avant de descendre légèrement pour éviter une traversée délicate. À gauche, gravir par des pentes assez raides une croupe ramenant dans le fond du vallon (2 200 m) ❺ et atteindre le col de la Petite Vaudaine 2 370 m ❻.

Beaucoup plus sauvage que les Vans, cet itinéraire nécessite un peu de flair pour éviter les pentes les plus raides parfois empruntées par les skieurs. Quand la station est fermée au printemps, on peut effectuer cette rando en partant du parking de Casserousse (cf. it. 56). Enfin, on peut raccourcir le parcours en descendant la piste de ski jusqu'aux lacs Robert, quand celle-ci est fermée.

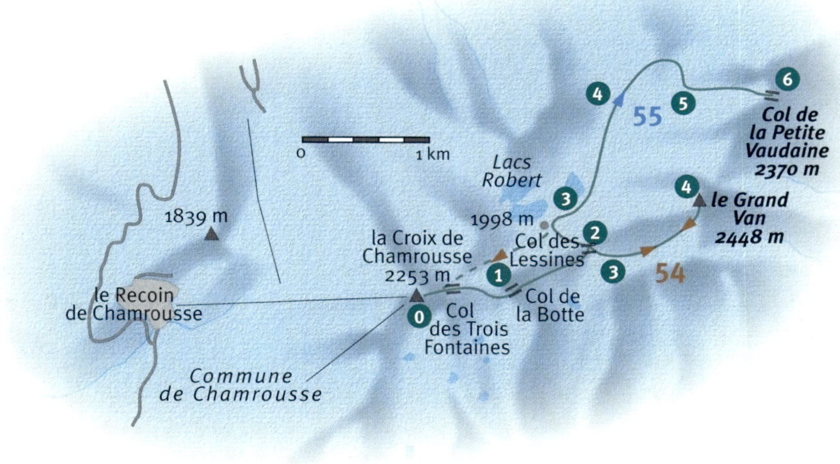

Une journée parfaite pour monter au Grand Van, sous l'arête des Escombailles (à droite).

56 - Lacs Robert (1 998 m)

Nov. Déc. Jan. Fév. Mars Avril Mai Juin

Niveau 1 Niveau 2 Niveau 3 Niveau 4

Accès: route de Chamrousse par le Recoin
Départ: parking du téléski de Casserousse, dans une grande épingle à gauche sur la route du Recoin (3e épingle après les Seiglières)
Dénivelée: 600 m
Durée: 4 h 30
Distance: 8,5 km
Carte: 3335 OT

Du grand parking ⓿ (1 420 m), s'élever à gauche du téléski et rejoindre à la sortie de la forêt le sentier GR de Pays ❶ quand il part à gauche pour monter au lac des Pourettes (1 819 m) ❷. Continuer dans le vallon et, vers 1 900 m, obliquer franchement à droite (sud) pour gravir des pentes assez raides en visant la brèche Robert Sud. Tirer un peu à gauche pour franchir celle-ci ❸ et descendre droit (sud-est) pour atteindre les lacs Robert ❹ (1 998 m).

Depuis peu, il est possible d'essayer la plongée sous-marine et sous glace (!) dans les lacs Robert, une cabine permettant de s'équiper à l'abri. Il devient donc possible de coupler une sortie raquettes avec un baptême de plongée… Original ! Renseignements à l'office du tourisme au Recoin.

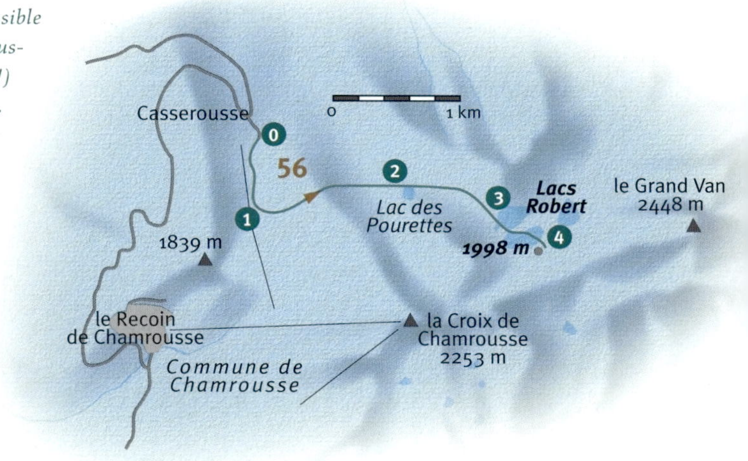

Au-dessus des lacs Roberts, les Vans (à droite) et le Grand Sorbier (à gauche).

Accès : Chamrousse, le Recoin 1 650 m.
Départ : croix de Chamrousse, 2 253 m, atteinte en téléphérique (forfait randonneur)
Dénivelée : 400 m
Durée : 6 h 30
Distance : 11 km
Carte : 3335 OT

57 - Refuge de la Pra (2 109 m)

Nov.	Déc.	Jan.	Fév.	Mars	Avril	Mai	Juin

Niveau 1	Niveau 2	Niveau 3	Niveau 4

Depuis la croix de Chamrousse (2 253 m) ⓿, traverser à l'est vers le télésiège des lacs Robert. Descendre sur la piste de ski puis, dans l'épingle à droite (2 160 m), la quitter pour traverser à droite (est) sur 150 m et arriver au col de la Botte (2 160 m) ❶. De là, par une traversée à flanc (gauche), atteindre le col des Lessines en passant sous les rochers de la Bottine (légère descente, puis brève remontée) ❷. Descendre aux lacs Robert (1 998 m) ❸. Longer les lacs par la droite, continuer dans le vallon jusque dans une cuvette ❹. Vers 1 950 m, à l'Échaillon, poursuivre à flanc avant de descendre une cinquantaine de mètres (raide) pour atteindre le lac Léama (1 900 m) ❺. Continuer au nord-est pour monter au lac Longet (2 030 m) ❻. Dépasser le roc de l'Hôpital et atteindre le refuge de la Pra (2 109 m) ❼.

Cet itinéraire n'est pas difficile en soi, mais certains passages en dévers nécessitent une bonne technique qui n'annihile toutefois pas le caractère désagréable de ce genre de traversée. Ceci dit, la balade est splendide et le refuge est le point de départ de nombreux itinéraires : ce sont les randonnées décrites dans le secteur « Refuge de la Pra ». Compter 3 h 30 aller simple depuis la croix de Chamrousse.
Le refuge est gardé dès avril (Tél. 04 76 89 94 60). À partir de la fermeture de la station en avril, il faut monter depuis le parking de Casserousse (itinéraire des lacs Robert décrit précédemment) et éventuellement en fin de printemps depuis Freydière (attention toutefois à la traversée en dévers au-dessus du lac du Crozet : en neige dure, ce passage nécessite l'usage de crampons).

Saisons

C'est un leitmotiv dans ce guide : choisir le bon moment pour faire une balade ! Astuce typiquement belledonnienne : connaître l'enneigement des routes et attendre (ou savoir) un déneigement qui peut raccourcir considérablement la durée d'une balade.
Pour les classiques au départ de Prabert ou des granges de Freydière, le déneigement (à partir de mars, ou les hivers « sans » neige) permet de gagner une heure, voire 1 h 30 de marche… généralement ingrate.

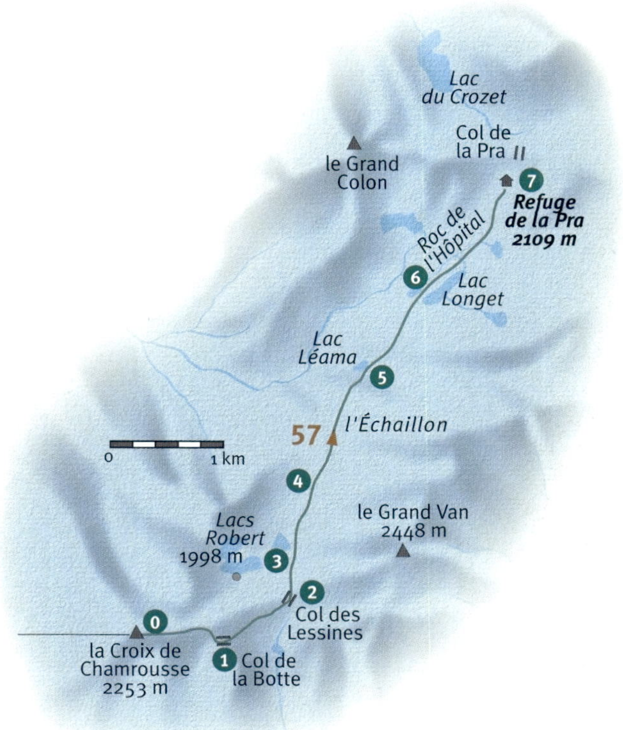

Secteur du refuge de la Pra

Le refuge de la Pra permet de rayonner au cœur de Belledonne, dans ce massif très accidenté. La haute montagne n'est jamais loin, à la fois par l'éloignement et par le caractère alpin des lieux, nécessitant parfois un matériel d'alpinisme léger mais complet (piolet, crampons). Il est possible de raquetter jusqu'au mois de juillet, tandis que la montée au refuge de la Pra (décrite dans sa version hivernale dans l'itinéraire 57) sera dès lors plus simple, et possible depuis Freydière. Enfin, on peut prévoir de rester deux nuits à la Pra pour enchaîner deux sommets.

58 - Grand Colon (2 394 m)

Nov. Déc. Jan. Fév. Mars Avril Mai Juin

Niveau 1 Niveau 2 Niveau 3 Niveau 4

Accès : itinéraire 57 pour monter au refuge de la Pra
Départ : refuge de la Pra 2 109 m
Dénivelée : 300 m
Durée : 2 h 45
Distance : 6 km
Carte : 3335 OT

Du refuge de la Pra (2 109 m) ⓿, descendre sur le plat et partir au sud-ouest pour atteindre le lac Merlat ❶ en passant à droite du roc de l'Hôpital. Contourner le lac et remonter le vallon au nord ❷ en évitant de petites barres. Obliquer à gauche ❸ vers 2 300 m pour atteindre le sommet du Grand Colon (2 394 m) ❹.

Réserver sa nuit au refuge de la Pra : Tél. 04 76 89 94 60. Suivant la période, il faut savoir calculer l'heure de départ en fonction de l'heure à laquelle la neige sera optimale à la montée (dégelée en surface) et correcte à la descente (portante raquettes aux pieds). Penser également au retour sur Chamrousse (ou Casserousse)…

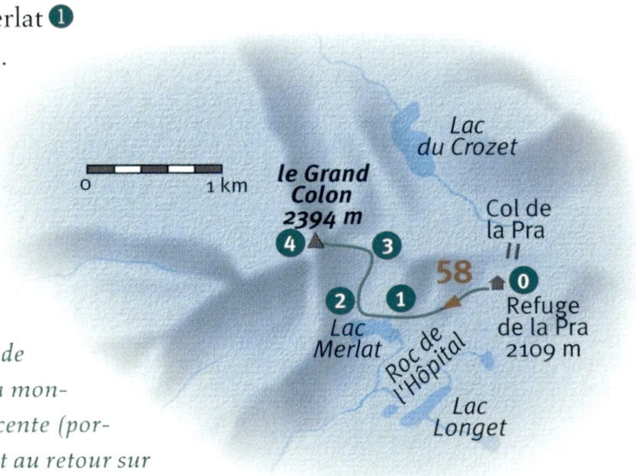

Au-delà des lacs Robert, l'envers du Grand Colon.

59 - Col de Freydane (2 645 m)

Accès : itinéraire 57 pour monter au refuge de la Pra
Départ : refuge de la Pra 2 109 m
Dénivelée : 540 m
Durée : 4 h 00
Distance : 9 km
Carte : 3335 OT

Nov. Déc. Jan. Fév. Mars Avril Mai Juin

Niveau 1 Niveau 2 Niveau 3 Niveau 4

Du refuge de la Pra (2 109 m) ⓿, partir au nord-est ❶ et franchir les courtes mais raides pentes sous le lac du Petit Doménon (déversoir des lacs ❷). Longer la rive droite du lac du Petit Doménon (2 380 m) ❸ puis celle du lac du Grand Doménon (2 385 m). Dépasser le pied du pic du Grand Doménon ❹ et poursuivre au nord-est ❺ dans la combe qui mène au col. Gravir les raides pentes finales en évitant une échine rocheuse par la gauche pour déboucher au col de Freydane (2 645 m) ❻.

Sauvage, le col de Freydane livre l'accès au plus grandiose et au plus mystérieux cirque de Belledonne, celui du glacier de Freydane, à l'ombre de la face nord du Grand Pic de Belledonne. Délaissé au profit de la croix de Belledonne, c'est pourtant un objectif majeur en raquettes. Crampons conseillés.

Près du col de Freydane, sur le glacier du même nom, à l'aplomb de la Croix (à droite), du pic Central (au milieu) et du Grand Pic de Belledonne (à gauche).

60 - Croix de Belledonne (2 926 m)

Nov.	Déc.	Jan.	Fév.	Mars	Avril	Mai	Juin

Niveau 1	Niveau 2	Niveau 3	Niveau 4

Accès : itinéraire 57 pour monter au refuge de la Pra
Départ : refuge de la Pra 2 109 m
Dénivelée : 820 m
Durée : 5 h 00
Distance : 10 km
Carte : 3335 OT

Du refuge de la Pra (2 109 m) ⓿, partir au nord-est ❶ et franchir les courtes mais raides pentes sous le lac du Petit Doménon (déversoir des lacs ❷). Longer la rive droite du lac du Petit Doménon (2 380 m) ❸ puis celle du lac du Grand Doménon (2 385 m). Dépasser le pied du pic du Grand Doménon ❹. Obliquer à droite ❺ pour gravir le névé de la Grande Pente et atteindre les environs du col du Bâton ❻. Remonter le vaste plateau sommital au nord-est pour atteindre la croix de Belledonne (2 926 m) ❼.

Reine des classiques du Dauphiné, c'est pourtant un parcours de longue haleine en raquettes, où il faudra gérer la descente et éviter les heures les plus chaudes à la fin du printemps quand on s'enfonce dans la neige malgré les raquettes. Crampons et piolet obligatoires pour le névé de la Grande Pente (prudence en cas de neige dure). En juin, on peut envisager sereinement une montée à la Pra depuis Freydière si le sentier rive droite du lac du Crozet est déneigé.

Au sommet de la croix de Belledonne, on distingue le point culminant du massif, si loin, si proche, à 2 977 m.

Lac du Grand Doménon.

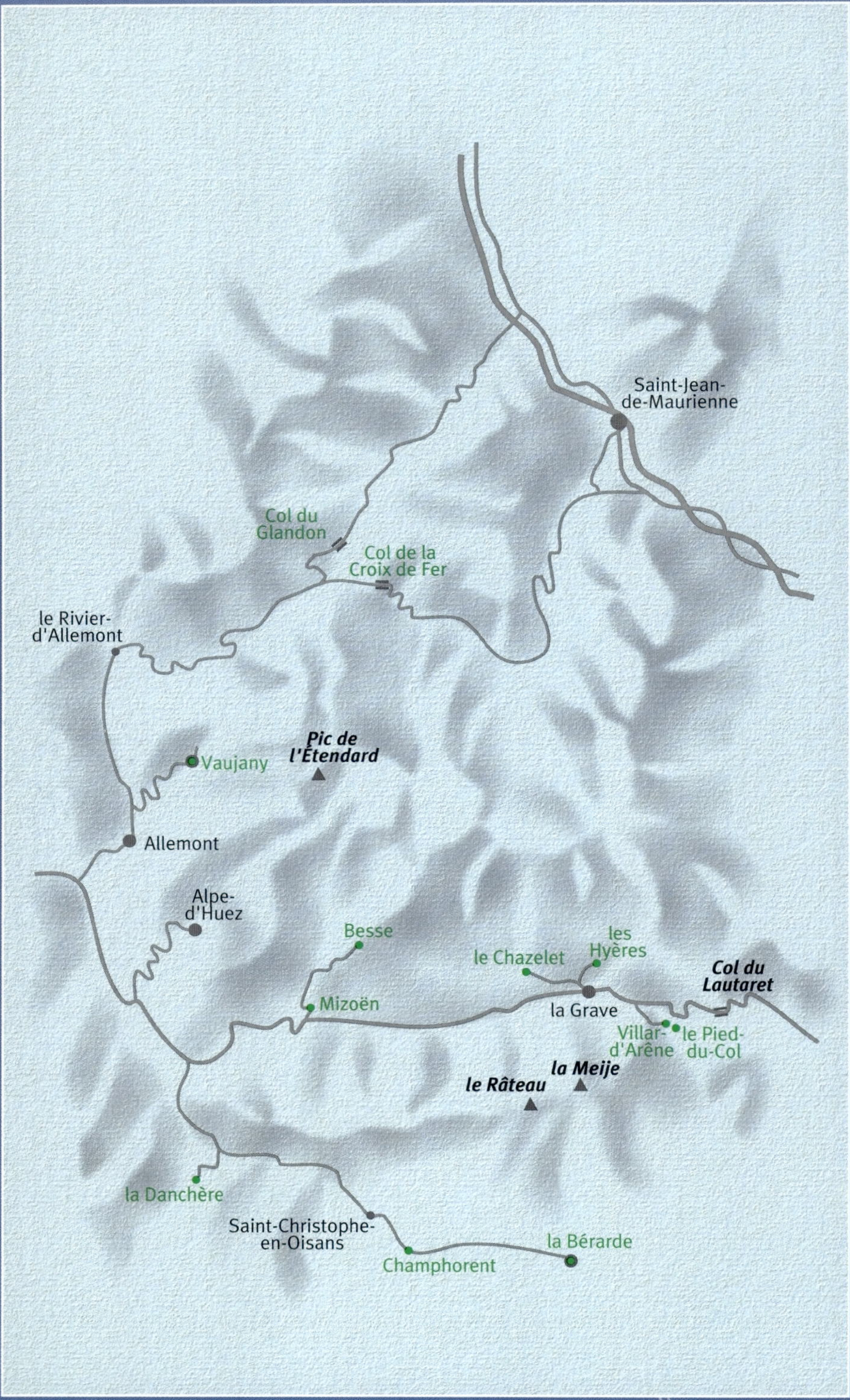
Saint-Jean-
de-Maurienne
Col du
Glandon
Col de la
Croix de Fer
le Rivier-
d'Allemont
Pic de
l'Étendard
Vaujany
Allemont
Alpe-
d'Huez
Besse
le Chazelet
les
Hyères
Col du
Lautaret
Mizoën
la Grave
Villar-
d'Arêne
le Pied-
du-Col
la Meije
le Râteau
la Danchère
Saint-Christophe-
en-Oisans
Champhorent
la Bérarde

Oisans Grandes Rousses

itinéraires 61 à 80

Secteur de Vaujany

Ce secteur recèle un bijou, le col du Sabot, tout à fait abordable pour la plupart des raquettistes, et qui offre un panorama rare sur Belledonne et les Grandes Rousses. Gros avantage, ce secteur reste en conditions du début de l'hiver jusqu'au début du printemps.

61 - Col du Sabot (2 166 m)

Nov. | Déc. | Jan. | Fév. | Mars | Avril | Mai | Juin

Niveau 1 | Niveau 2 | Niveau 3 | Niveau 4

Accès: Vaujany, par Allemond et la vallée de l'Eau d'Olle
Départ: la Villette, après Vaujany (terminus déneigé au niveau des terrains de tennis 500 m après la Villette)
Dénivelée: 770 m
Durée: 5 h 00
Distance: 8 km
Carte: 3335 ET

Du terminus ⓿, à 1 400 m environ, remonter la route d'alpage en coupant les lacets ❶. Tirer à droite (nord) pour atteindre le vallon ❷ entre le Rissiou et Côte Belle.

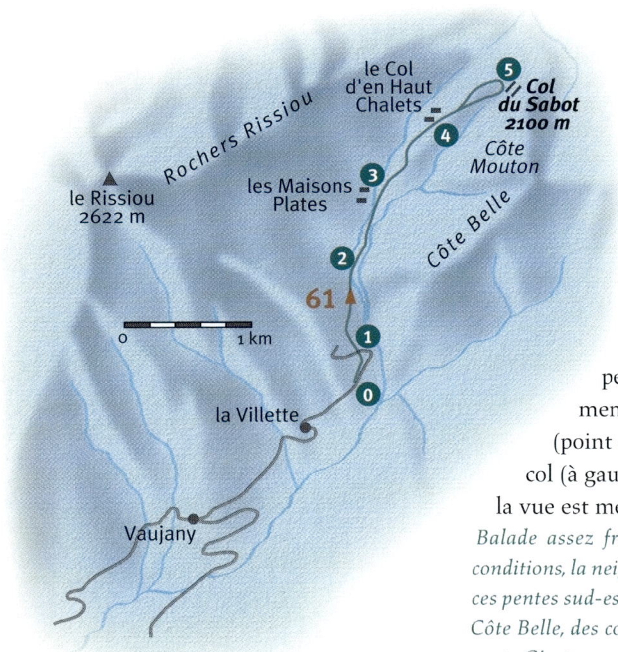

Monter plutôt rive droite pour rejoindre les chalets des Maisons Plates vers 1 800 m ❸. Franchir une butte au-dessus pour atteindre les chalets du Col d'en Haut (2 055 m) ❹. De là, soit tirer à droite dans un petit vallon pour atteindre le col du Sabot (2 100 m), soit grimper la butte suivante directement pour gagner un replat ❺ (point coté 2 166 m) dominant le col (à gauche/ouest de celui-ci) d'où la vue est meilleure.

Balade assez fréquentée et souvent vite en conditions, la neige chauffant rapidement dans ces pentes sud-est. Attention, rive gauche, sous Côte Belle, des coulées se produisent fréquemment. C'est pourquoi nous ne conseillons de monter à Côte Mouton (butte à l'est du col du Sabot) que par conditions de neige stabilisée. En outre, mieux vaut éviter les départs trop tardifs: la neige se transforme en soupe assez rapidement, même en plein mois de février.
Le panorama sur le lac de Grand-Maison et sur les étendues blanches aux confins de l'Isère et de la Savoie est exceptionnel, puisque, en hiver, toute cette région reste inaccessible.

Vous y êtes !

Aux environs de Côte Mouton, panorama exceptionnel sur le mont Blanc et la Savoie, par-delà le lac de Grand-Maison.

Secteur du col du Glandon

À vrai dire, les balades proposées ici ne se situent pas dans l'Oisans ou les Grandes Rousses, mais géographiquement dans le massif des Sept-Laux. L'accès se fait par la route des cols du Glandon et de la Croix de Fer versant isérois, ce qui est possible à partir de mi-mai en général. C'est pourquoi nous avons choisi de rattacher cette superbe incursion aux confins de Belledonne dans cette partie du guide Oisans - Grandes Rousses, l'accès étant identique.

62 - Crête du Buyant (2 800 m)

Nov. | Déc. | Jan. | Fév. | Mars | Avril | **Mai** | **Juin**

Niveau 1 | Niveau 2 | **Niveau 3** | Niveau 4

Accès: route du col du Glandon, accès par Allemond et la vallée de l'Eau d'Olle
Départ: chalets de Rieu Claret, 1 747 m, au-dessus du lac de Grand-Maison, 2,5 km après le barrage et 3 km avant le col du Glandon
Dénivelée: 1 030 m
Durée: 6 h 00
Distance: 8 km
Carte: 3335 ET

D'une plateforme ⓿ au niveau des chalets (1747m), remonter le ruisseau de Rieu Claret en suivant sa rive gauche ❶. Au niveau d'une cuvette, prendre à droite et remonter la rive gauche du ruisseau du Pin ❷. Franchir un verrou puis, vers 2 350 m, atteindre un gros cairn sous la brèche du Pin ❸. Partir en direction du col du Buyant (nord-nord-ouest) pour ensuite tirer à gauche (ouest) dans un vallon sous les rochers du Buyant. Dépasser ces rochers pour atteindre un replat ❹, puis gravir à droite des pentes assez raides (au nord-ouest) pour monter sur la crête ❺, cotée 2 800 m sur IGN (à l'est du rocher Blanc).

Une beauté minérale à couper le souffle, un parfum de haute montagne, un panorama incroyable sur les Grandes Rousses toutes proches… tout concourt à faire de cette randonnée en altitude une journée inoubliable.

À déguster dès que la route est praticable jusqu'aux chalets de Rieu Claret ou jusqu'au col (début ou mi-mai), ce qui est souvent le cas bien avant que le col du Glandon ne soit ouvert (versant Savoie, il ne l'est que début juin). L'idéal est que les pentes de départ jusqu'au verrou avant 2 350 m soient déneigées, ce qui facilite une progression rapide (dans le cas contraire, crampons conseillés). Ensuite, c'est le domaine royal de la raquette de printemps !

À noter : il est possible de monter au rocher Blanc depuis la crête de Buyant en passant par le glacier (crampons). Enfin, on peut aussi monter au col de la Combe Madame.

Grand-Maison et les aiguilles de l'Argentière (à gauche).

Accès: route du col du Glandon, accès par Allemond et la vallée de l'Eau d'Olle
Départ: col du Glandon, 1 924 m
Dénivelée: 550 m
Durée: 5 h 00
Distance: 7 km
Carte: 3335 ET

63 - Lac de la Croix (2 415 m)

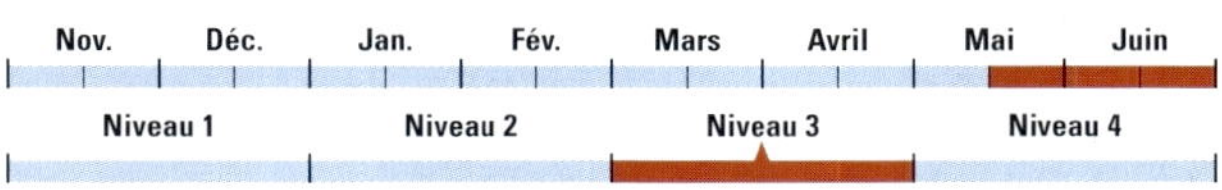

Depuis le col ⓿ (1 924 m), prendre le sentier qui passe sous les chalets du Col ❶. Il traverse à flanc de montagne et passe, après une légère descente, sous les aiguilles de Capdepon et Têtes de Cos. Il remonte toujours à flanc pour contourner les aiguilles de l'Argentière ❷ et rejoindre la combe de la Croix. Toute cette traversée sur des pentes raides et exposées est facile quand la zone est déneigée et le sentier apparent (ne pas s'y lancer dans le cas contraire). Une fois dans la combe à peu près plane, dépasser le plan des Trois Eaux (2 134 m) ❸ et continuer jusqu'à buter sur un verrou raide ❹ : il faut passer dans un petit couloir entre deux barres rocheuses. Au-dessus, vers 2 350 m, tirer à droite (nord) ❺ pour franchir un ressaut raide et gagner le lac de la Croix (2 415 m) ❻.

Les aiguilles de l'Argentière sont des bijoux finalement peu connus : un chapelet d'îles haut perchées, spectaculaires depuis le lac de la Croix. Recouvert par les glaces, le lieu reste très haute montagne même fin juin, un contraste étonnant avec les alpages autour du col déjà verts.

L'accès est possible un peu plus tôt (mi-mai) depuis la Savoie et Saint-Colomban-les-Villards : dans ce cas, on se gare sous le col, généralement dans l'épingle à 1 766 m vers les chalets de « Sous le Col d'en Haut », versant Maurienne donc.

Il faut attendre que les pentes raides d'accès à la combe de la Croix soient déneigées, car le cheminement en traversée peut être désagréable, voire dangereux.

À noter : il est possible de monter au col de la Croix (2 529 m) depuis le lac.

Enfin, si les conditions d'accès à la combe de la Croix sont douteuses, une balade dans la Casse de l'Argentière constitue une belle solution de repli : monter sur le flanc sud du Carrelet pour rejoindre un collu à 2 101 m ; de là, des pentes soutenues (mais en principe transformées) conduisent rapidement au petit chalet de la Combe, puis sur un vaste replat à l'aplomb des aiguilles de l'Argentière.

Secteur du col de la Croix de Fer

Posées à cheval entre Savoie et Isère, les Grandes Rousses gardent bien leur secret : une porte de la haute montagne tout à fait accessible au printemps. Un entraînement et une préparation ad hoc permettront au raquettiste montagnard de gravir la plus haute cime de ce guide, et pas la moindre : le pic de l'Étendard, 3 464 m. En tout cas, ne pas hésiter à se rendre au mois de mai au refuge de l'Étendard, quand la fonte des neiges laisse apparaître sous la glace les eaux bleutées du lac Bramant.

64 - Lac Bramant – Refuge de l'Étendard (2 430 m)

Nov. Déc. Jan. Fév. Mars Avril Mai Juin

Niveau 1 Niveau 2 Niveau 3 Niveau 4

Accès : route du col du Glandon et de la Croix de Fer, accès par Allemond et la vallée de l'Eau d'Olle
Départ : col de la Croix de Fer, 2 064 m
Dénivelée : 480 m
Durée : 4 h 00
Distance : 12 km
Carte : 3335 ET

Du col de la Croix de Fer (2 064 m) ⓿, prendre la piste qui traverse à droite sous le Petit Perron ❶. Franchir un ruisseau puis remonter une croupe raide au sud-sud-ouest ❷. Tirer un peu à droite pour rejoindre le ruisseau du Vallon et le fond de celui-ci. Vers 2 500 m la pente s'adoucit : atteindre un vague col ❸ sous l'arrivée du télésiège des Trois Lacs. Poursuivre en légère descente pour atteindre le refuge de l'Étendard et le lac Bramant (2 430 m) ❹. Faire le tour du lac par la droite puis tirer plein nord pour atteindre par une petite montée le col Nord des Lacs (2 533 m) ❺, avant de revenir par l'itinéraire de montée.

Le col de la Croix de Fer n'est accessible au départ de Grenoble et d'Allemond qu'à partir de fin mai. Auparavant il est possible de monter au refuge au départ de Saint-Sorlin-d'Arves, mais l'itinéraire emprunte dorénavant une piste damée. Il faut attendre de toute façon la fermeture de la station pour pouvoir l'emprunter (à partir de mi-avril). Point de départ des randonnées à la cime de la Valette et au pic de l'Étendard (it. 65 et 66), le refuge CAF est gardé au minimum les week-ends de printemps (Tél. 04 79 59 74 96).

Le lac Bramant, au fond à gauche les aiguilles de l'Argentière.

Le Glandon en hiver, au fond le tryptique des aiguilles d'Arves.

Accès: col de la Croix de Fer
Départ: refuge de l'Étendard (it. 64), 2 430 m
Dénivelée: 500 m
Durée: 4 h 30
Distance: 12 km (+ retour)
Carte: 3335 ET

65 - Cime de la Valette (2 858 m)

Nov.	Déc.	Jan.	Fév.	Mars	Avril	Mai	Juin

Niveau 1	Niveau 2	Niveau 3	Niveau 4

Du refuge de l'Étendard (it. 64) ⓿, suivre la rive droite du lac Bramant puis celle du lac Blanc (2 473 m) ❶. Continuer dans l'axe du vallon et gravir une pente un peu plus soutenue sous l'aiguille Noire. Vers 2 700 m, obliquer à gauche ❷ (sud-sud-est) et, par une légère descente d'une trentaine de mètres, passer près d'une cabane (glaciologie) notée sur IGN ❸. Continuer au sud-est en direction du col de la Cime de la Valette, juste à droite de celle-ci. Par une pente raide, gagner le col (2 845 m) ❹, et suivre l'arête facile à gauche pour atteindre le sommet de la cime de la Valette (2 858 m) ❺.

Le glacier de Saint-Sorlin, dont on traverse la base lors de cette randonnée, est utilisé comme altisurface et lieu d'entraînement pour les pilotes d'avion de tourisme. Aussi, si vous voyez des traces récentes, restez à l'écart de celles-ci… et sachez que la haute montagne n'est pas toujours le monde du silence !

Autre remarque: pensez à garder des forces pour le retour à la voiture, fort long: l'arrivée au refuge de l'Étendard ne signifie pas la fin de la journée… Enfin, l'aiguille de Laisse peut constituer un deuxième objectif de choix pour le raquettiste (passages aériens, crampons obligatoires).

66 - Pic de l'Étendard (3 464 m)

Accès : col de la Croix de Fer
Départ : refuge de l'Étendard (it. 64), 2 430 m
Dénivelée : 1 100 m
Durée : 8 h 00
Distance : 15 km (+ retour)
Carte : 3335 ET

Nov.	Déc.	Jan.	Fév.	Mars	Avril	Mai	Juin

Niveau 1	Niveau 2	Niveau 3	Niveau 4

Du refuge de l'Étendard (it. 64) ⓿, suivre la rive droite du lac Bramant puis celle du lac Blanc (2 473 m) ❶. Continuer dans l'axe du vallon pour atteindre le glacier de Saint-Sorlin ❷ que l'on remonte en direction du col des Quirlies. L'ascension finale consiste globalement à faire un « S » jusqu'au sommet. Vers 2 980 m, obliquer à droite ❸ et monter en faisant un mouvement tournant au nord-ouest pour passer entre deux zones de crevasses. Une fois dépassées celles-ci, tourner alors à gauche (sud-est) ❹ puis gravir des pentes soutenues en direction d'un couloir issu de l'arête est à gauche du sommet. Gravir ce couloir raide ❺ puis suivre sans difficultés l'arête est pour atteindre rapidement le sommet (3 464 m) ❻.

À près de 3 500 mètres, le pic de l'Étendard est, à un mètre près, le sommet des Grandes Rousses (qui culminent à 3 465 m au pic Bayle), mais il constitue bien le sommet de ce guide. Les compétences techniques requises ainsi que le matériel sont ceux de l'alpinisme : les crampons, piolet sont obligatoires, l'encordement et le matériel de sauvetage sur glacier sont recommandés. Au-delà, c'est surtout une certaine expérience de la haute montagne qui est nécessaire : savoir trouver le meilleur chemin loin des crevasses par exemple, ou juger de la solidité de pont de neige. Certaines années une rimaye se forme rapidement au pied du couloir d'accès sommital, tandis que d'autres années le glacier semble exempt de pièges. En outre, la longueur du retour réserve cette course exceptionnelle à des raquettistes très entraînés. Mais à ceux qui s'en donneront la peine, le pic de l'Étendard offre un panorama à 360° sur les Alpes tout simplement époustouflant.

Page de gauche, haut : l'aiguille Noire et les cimes du Sauvage.

Page de gauche, bas : le glacier de Saint-Sorlin et les cimes du Sauvage.

Secteur de Mizoën – Emparis ouest

Parfois oubliés, les villages et hameaux de l'Oisans situés hors stations (qu'elles soient de ski ou de « haute montagne ») méritent pourtant plus d'une visite. L'occasion de découvrir un patrimoine montagnard encore vivant, et des balades somme toute originales. Point de départ : Mizoën, mais n'hésitez à flâner du côté de Clavans, peut-être y croiserez-vous des skieurs descendant du pic Bayle… et du lointain vallon du Ferrand. Il reste bien des vallées à explorer…

67 - La Quarlie (2 322 m)

Nov. | Déc. | Jan. | Fév. | Mars | Avril | Mai | Juin

Niveau 1 | Niveau 2 | Niveau 3 | Niveau 4

Accès : Bourg-d'Oisans, le Freney-d'Oisans, Mizoën
Départ : Besse-en-Oisans, atteint par la D 25 depuis Mizoën
Dénivelée : 770 m
Durée : 4 h 30
Distance : 9 km
Carte : 3335 ET

Du parking à la sortie du village de Besse (1 550 m) ⓿, prendre la piste d'alpage qui monte à gauche. À la première bifurcation, prendre à droite ❶ et monter en lacet jusqu'à l'oratoire Saint-Sébastien (1956 m) ❷. On peut aussi couper les lacets à droite en passant par les chalets de Bonnefin. Depuis l'oratoire, monter à la bergerie puis poursuivre sur la crête au nord ❸ qui s'incurve peu à peu à droite (est). Passer sur le replat des chalets de la Quarlie (2 186 m) ❹, puis gravir la dernière

pente qui mène au sommet de la Quarlie (2 322 m) signalisé par une borne ❺.

Deux cas de figure sont à éviter absolument pour cette balade : un temps bouché et des chutes de neige récentes. Il faut en effet bénéficier d'un temps dégagé, car la croupe large et peu inclinée de la Quarlie est entourée de pentes raides. Ensuite, les pentes d'accès à l'oratoire doivent être impérativement stabilisées. En général, le plus simple est d'attendre qu'elles soient déneigées (dès février) ; on peut rapidement atteindre la crête pour jouir du panorama, raquettes aux pieds cette fois. À noter qu'il est possible de poursuivre depuis la Quarlie sur la crête jusqu'à la tête du Vallon (2 591 m), attention à la présence de corniches sur le versant de la montagne de la Crevasse.

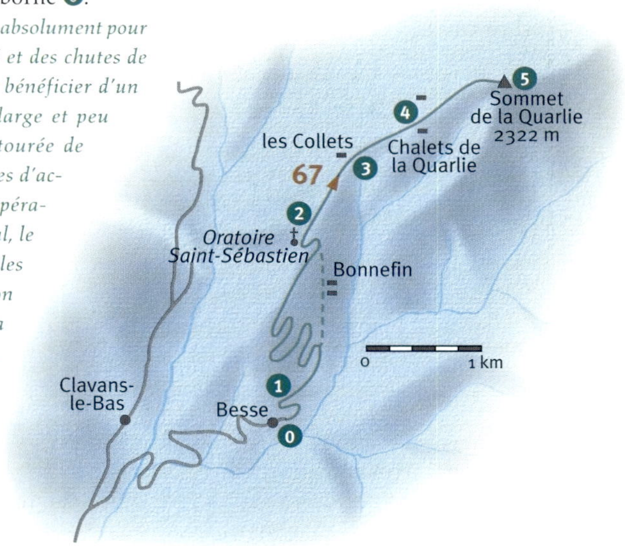

Emparis en début d'hiver dominé par la Meije (à gauche), le Râteau (au milieu) et le glacier de la Girose (à droite).
La Quarlie se trouve en bas à droite.

Raquettes 4X4

S'il est parfois inutile de chausser les raquettes sur des chemins damés par le passage, il est aussi inutile de déchausser pour des passages sans neige et/ou verglacés : dans le premier cas, votre raquette supportera bien quelques mètres de terre ou de goudron sans casser ; dans le second cas, les pointes de métal en principe présentes sous les raquettes vous éviteront le dérapage.

68 - Surre Saroi (2 362 m)

Nov. Déc. Jan. Fév. Mars Avril Mai Juin

Niveau 1 Niveau 2 Niveau 3 Niveau 4

Accès: Bourg-d'Oisans, le Freney-d'Oisans, Mizoën
Départ: parking à la sortie du hameau de Singuigneret (terminus déneigé), atteint depuis Mizoën par la route pastorale d'Emparis
Dénivelée: 1 100 m
Durée: 7 h 00
Distance: 13 km
Carte: 3335 ET

Du terminus déneigé (1 400 m) ⓿, monter par des pentes soutenues à l'oratoire de l'Alpe du Pin (1 562 m) ❶ en suivant le tracé du GR 54. De l'oratoire, ne pas continuer à couper mais suivre impérativement la piste qui, après des lacets à gauche, revient à droite ❷ pour traverser dans le ravin du Lavoir et atteindre le refuge des Chatons (1 820 m) ❸. De là, longer la crête de la Citrière (on peut aussi monter sur celle-ci) et monter à la maison Coing (bergerie, 2 003 m) ❹. Descendre de 50 m pour éviter une pente raide et faire une boucle à gauche pour remonter sur le bord gauche d'un vague couloir. Atteindre un col à 2 076 m. Remonter la croupe suivante à l'est et tirer à droite pour rejoindre un replat (coté 2 339 m) ❺. De là, gagner à vue en passant par une bosse le Surre Saroi (2 362 m) ❻.

Là encore, le plus simple est d'attendre que les pentes du ravin du Lavoir, raides et exposées, soient déneigées, ce qui est vite le cas, quand elles ne sont pas complètement sèches grâce à l'orientation au sud. Une fois ces pentes de départ dépassées, il ne reste que le plaisir forcément intense d'évoluer sur le rebord du plateau d'Emparis, où la vue sur le massif des Écrins est tout simplement sublime.

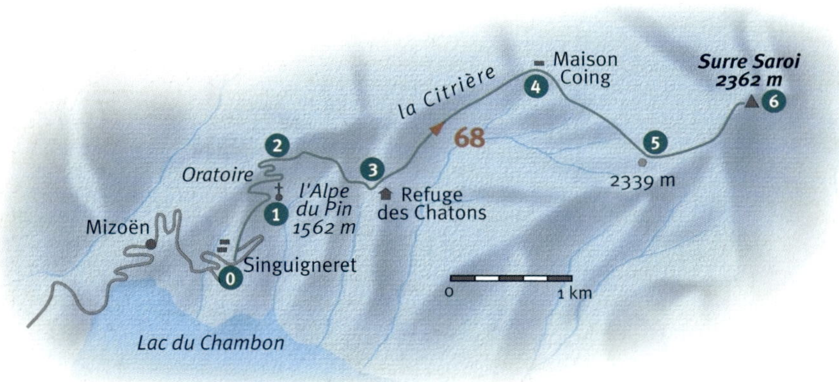

Coucher de soleil sur le plateau d'Emparis.

Secteur du Chazelet – Emparis

C'est tout simplement l'un des plus beaux terrains que l'on puisse imaginer parcourir à raquettes. Emparis et ses vastes étendues ouatées laissent tout le loisir d'admirer, des heures durant, les glaciers et les faces nord les plus célèbres de l'Oisans : Gaspard, Meije et Râteau. C'est sous l'œil de la Meije que se déroulent ces balades, parfois fort longues : sachez évaluer vos forces nécessaires pour le retour et prenez garde au mauvais temps. Il est en effet aussi simple de s'orienter par beau temps sur le plateau d'Emparis que de s'y perdre par mauvaise visibilité. Enfin, un morceau de choix attend les raquettistes au printemps : le col Lombard (voire l'aiguille du Goléon en variante), à près de 3 100 mètres d'altitude. Il est quand même rare de monter aussi haut en raquettes !

69 - Lac Lérié et lac Noir (2 458 m)

Nov. Déc. Jan. Fév. Mars Avril Mai Juin

Niveau 1 Niveau 2 Niveau 3 Niveau 4

Accès : Bourg-d'Oisans, La Grave
Départ : le Chazelet, atteint par la D 33 (à droite à la sortie du tunnel après La Grave). Parking à droite vers la caisse des téléskis
Dénivelée : 720 m
Durée : 6 h 00
Distance : 15 km
Carte : 3435 ET

Du parking (1 800 m) ⓿, descendre au pont du Gua (1 735 m) ❶. Franchir le pont puis dépasser le téléski pour remonter le bord de la piste de ski à gauche ❷ et atteindre le plateau (2 164 m) ❸. De là, partir à l'ouest en montant légèrement. Traverser en balcon jusqu'aux ruines du Souchet (2 300 m) ❹. Ne pas monter au col du même nom, mais obliquer à gauche (sud) pour atteindre le lac Lérié (2 360 m) ❺. De là, remonter les pentes à droite (ouest) pour arriver au lac Noir (2 458 m) ❻.

Itinéraire de toute beauté ! Sans difficulté autre que l'orientation et une certaine longueur, il faut en profiter par beau temps et impérativement éviter le brouillard, car l'itinéraire passe à proximité des à-pics impressionnants dominant de plus de 1000 m la Romanche.

À la montée comme à la descente, éviter de marcher sur la piste de ski débouchant sur le plateau.

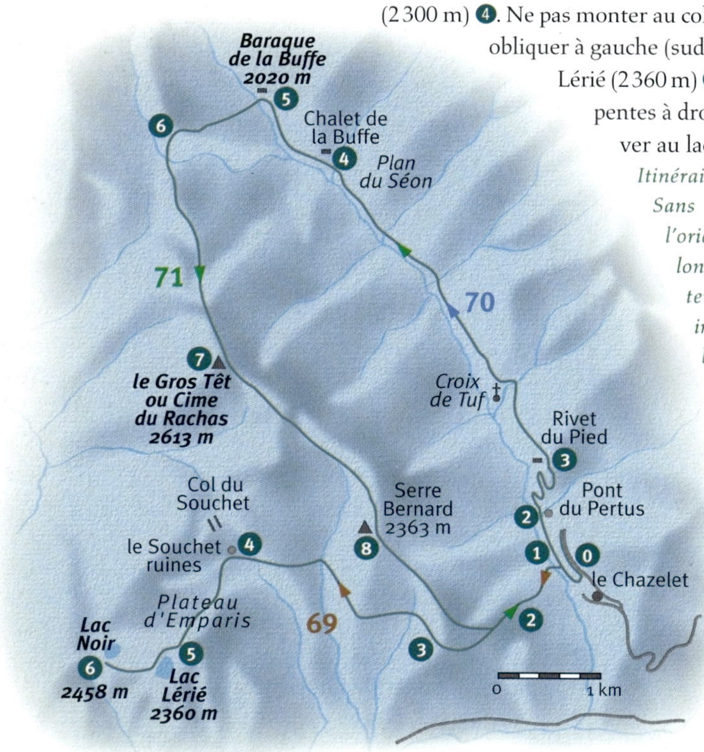

Retour tardif du lac Lérié. À droite, la face nord de la Meije.

Accès : Bourg-d'Oisans, La Grave
Départ : le Chazelet, atteint par la D 33 (à droite à la sortie du tunnel après La Grave). Parking à droite vers la caisse des téléskis
Dénivelée : 250 m
Durée : 4 h 30
Distance : 14 km
Carte : 3435 ET

70 - Baraque de la Buffe (2 020 m)

Nov.	Déc.	Jan.	Fév.	Mars	Avril	Mai	Juin

Niveau 1	Niveau 2	Niveau 3	Niveau 4

Du parking (1 800 m) ⓿, descendre au pont du Gua (1 735 m) ❶. Ne pas franchir le pont mais prendre à droite la piste qui remonte la rive gauche du torrent. Au pont du Pertus (1 760 m) ❷, prendre la trace du chemin d'été qui monte au hameau du Rivet du Pied (1 820 m) ❸. De là, suivre la piste jusqu'à la croix de Tuf (1 901 m). Poursuivre dans l'axe du vallon pour atteindre le plan du Séon (la Buffe sur IGN). Obliquer à gauche ❹ pour atteindre le chalet de la Buffe, puis la baraque de la Buffe (2 020 m) ❺, au pied du pic du Mas de la Grave.

Ceux qui sont à la recherche d'une balade familiale ou ceux qui sont simplement lève-tard ne se priveront pas de cette balade tranquille, ne serait-ce que pour monter au hameau du Rivet du Pied ou à la croix du Tuf. Quel que soit le but atteint, à la descente, la vue est splendide sur la Meije.

Certains passages, notamment les traversées de ravins, peuvent être rendus délicats, notamment en cas de neige abondante : ne pas hésiter à prendre au-dessus de la piste dans ce cas-là. Enfin, la baraque de la Buffe peut offrir un abri en cas de besoin.

71 - Le Gros Têt (2 613 m)

Nov. Déc. Jan. Fév. Mars Avril Mai Juin

Niveau 1 Niveau 2 Niveau 3 Niveau 4

Accès : Bourg-d'Oisans, La Grave
Départ : le Chazelet, atteint par la D 33 (à droite à la sortie du tunnel après La Grave). Parking à droite vers la caisse des téléskis
Dénivelée : 900 m
Durée : 8 h 00
Distance : 22 km
Carte : 3435 ET

Du parking (1 800 m) ⓿, descendre au pont du Gua (1 735 m) ❶. Ne pas franchir le pont mais prendre à droite la piste qui remonte la rive gauche du torrent. Au pont du Pertus (1 760 m) ❷ prendre la trace du chemin d'été qui monte au hameau du Rivet du Pied (1 820 m) ❸. De là, suivre la piste jusqu'à la croix de Tuf (1 901 m). Poursuivre dans l'axe du vallon pour atteindre le plan du Séon (la Buffe sur IGN). Obliquer à gauche ❹ pour atteindre le chalet de la Buffe, puis la baraque de la Buffe (2 020 m) ❺ au pied du pic du Mas de la Grave. De là, remonter à gauche les pentes soutenues de la rive gauche du ruisseau du Rachas. Atteindre la crête

❻ et la cabane de Rachas (2 271 m) (ruisseau à traverser). Suivre la large croupe plein sud qui monte régulièrement pour atteindre le Gros Têt (2 613 m) ❼. Descendre prudemment au sud-est, passage exposé sur la crête au-dessus des barres rocheuses, puis les pentes s'adoucissent quelque peu. Toujours au sud-est, suivre la crête puis, plein sud, atteindre Serre-Bernard (2 363 m) ❽. De là, descendre en tirant à gauche pour arriver au sommet du téléski et de la piste que l'on descend jusqu'au pont du Gua, et remonter au Chazelet.

L'un des plus beaux itinéraires de ce guide, en boucle, réservé à des raquettistes endurants. Pas de réelles difficultés techniques, mais une longueur importante, récompensée par une vue exceptionnelle pendant une bonne partie de la rando, à savoir toute la deuxième moitié dans le sens nord-sud : une orientation qui permet de jouir d'un panorama exceptionnel, propre à satisfaire les sybarites !

Une solution plus simple et moins longue consiste à faire le Gros Têt en aller-retour, avec montée par le sud (emprunter la première partie de l'itinéraire du lac Lérié décrit plus haut).

Depuis le Gros Têt, contraste saisissant entre les vastes étendues plates d'Emparis et les faces nord au-dessus de La Grave, Meije et Râteau.

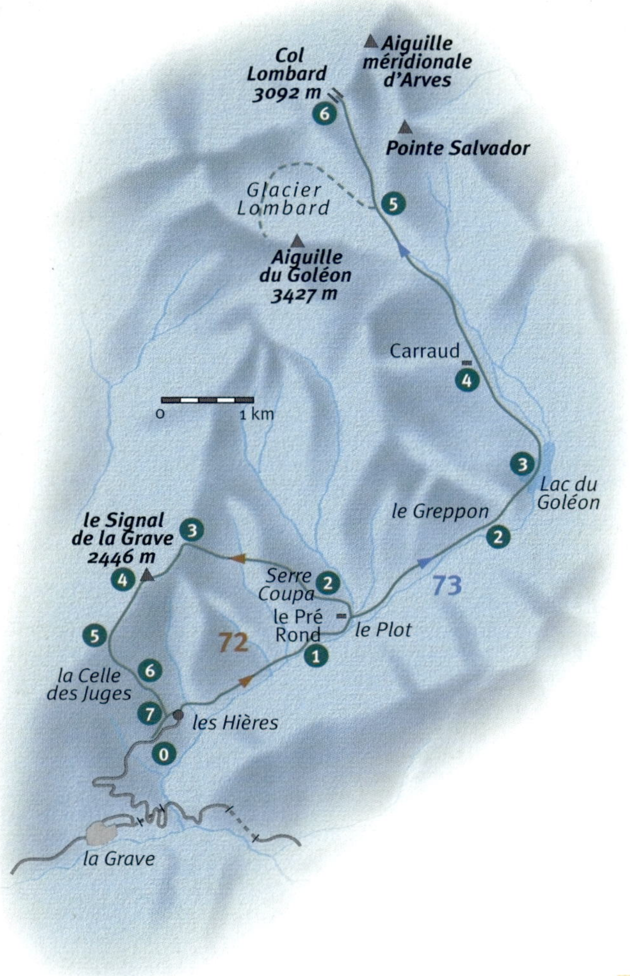

Accès : Bourg-d'Oisans, La Grave
Départ : les Hières, route du Chazelet (D 33, à droite à la sortie du tunnel après La Grave)
Dénivelée : 680 m
Durée : 5 h 00
Distance : 9 km
Carte : 3435 ET

72 - Le Signal de la Grave (2 446 m)

Nov. | Déc. | Jan. | Fév. | Mars | Avril | Mai | Juin

Niveau 1 | Niveau 2 | Niveau 3 | Niveau 4

Du parking à l'entrée des Hières (1 170 m) ⓿, suivre la piste de Valfroide jusqu'à Pré-Rond (1 874 m) ❶. Monter aux chalets du Plot puis, par une boucle à gauche, gravir un ressaut raide pour atteindre le replat de Serre Coupa (2 009 m) ❷. Monter pleine pente au-dessus puis, quand celle-ci s'adoucit, tirer à gauche (ouest) pour atteindre, par une dernière pente raide, la crête de la Grande Côte ❸. Suivre la crête à gauche (sud) pour gagner le Signal de la Grave (2 446 m) ❹. De là, descendre en suivant la crête au sud-ouest jusqu'à un vague col juste avant Côte Rouge, point coté 2 252 m ❺. Basculer à gauche versant est et descendre dans des pentes assez raides ; passer à la bergerie de la Celle des Juges (1 970 m) ❻. De là, rejoindre les Hières ❼.

Boucle somptueuse… une de plus ! Les crêtes du Signal de la Grave offrent cette incomparable vue sur les glaciers du Râteau et de la Meije, mais qui se mérite ! En effet, la montée depuis Valfroide est rude, et particulièrement sujette aux avalanches. Outre de bonnes conditions, il faudra prévoir un départ matinal pour éviter le risque d'avalanches de fonte en descendant de Côte Rouge (orientation sud-est = ça chauffe !).

Le hameau du Chazelet et son «3000 m», le pic du Mas de la Grave.

Accès: Bourg-d'Oisans, La Grave
Départ: les Hières, route du Chazelet (D 33, à droite à la sortie du tunnel après La Grave)
Dénivelée: 1320 m
Durée: 8 h 00
Distance: 22 km
Carte: 3435 ET

73 - Col Lombard (3092 m)

Nov.	Déc.	Jan.	Fév.	Mars	Avril	Mai	Juin

Niveau 1	Niveau 2	Niveau 3	Niveau 4

Du parking à l'entrée des Hières (1170 m) ⓿, suivre la piste de Valfroide jusqu'à Pré-Rond (1874 m) ❶. Continuer rive droite du torrent du Maurian puis gravir le verrou du Greppon ❷, passage raide et exposé, pour déboucher près du lac du Goléon (2438 m) ❸. Longer la rive droite du lac et continuer dans le vallon, dépasser le refuge Carraud (fermé) (2480 m) ❹. Tirer à gauche (nord-ouest) et gravir les pentes soutenues qui mènent au glacier Lombard en longeant l'échine sud de la pointe Salvador. Vers 2800 m ❺, ne pas continuer à gauche vers le glacier mais tirer à droite, plein nord, pour remonter la combe jusqu'au col Lombard (3092 m) au pied de l'aiguille méridionale d'Arves ❻.

C'est déjà le domaine de la haute montagne. D'ailleurs, il vaudra mieux attendre que le passage du Greppon soit déneigé (vers mi-mai) pour se lancer dans cette très longue randonnée. Ainsi la première partie sera vite avalée, et l'on chaussera les raquettes seulement au niveau du lac du Goléon, magnifique de pureté. Une autre solution peut être de bivouaquer, fin mai début juin, près du lac ou près du refuge Carraud: tranquillité assurée, et un bon moyen de couper la randonnée en deux. Ceux qui ont une certaine expérience de la haute montagne ne se priveront pas, au départ d'un bon bivouac, de gravir l'aiguille du Goléon, 3427 m, d'où la vue est incroyablement vaste. Dans ce cas, prévoir des crampons pour le glacier Lombard et une corde pour l'aérienne arête sommitale. Au niveau de l'itinéraire, vers 2800 m, il faut continuer à monter au nord-ouest et remonter le glacier Lombard en faisant une large boucle à droite (quelques crevasses à éviter). Ensuite, soit gagner le point 3236 m (pas de difficultés techniques), soit gravir l'arête ouest (quelques rochers) de l'Aiguille.

Secteur de Villar-d'Arêne

Nous ne sommes certes plus en Isère, mais il aurait été dommage de ne pas présenter ces quelques balades qui sont autant de portes d'entrée vers le massif des Écrins et la haute montagne. L'occasion est rare en effet d'aller tutoyer les sommets et les glaciers, ce qui est tout à fait possible si on attend le printemps. Rapide d'accès et confortable, le refuge de l'Alpe est particulièrement appréciable pour partir à la découverte de ce coin du massif des Écrins.

74 - Lac du Pontet (1 982 m)

Nov. Déc. Jan. Fév. Mars Avril Mai Juin

Niveau 1 Niveau 2 Niveau 3 Niveau 4

Accès: Bourg-d'Oisans, La Grave.
Départ: Villar-d'Arêne, sur la route du col du Lautaret. Parking à la sortie (panneau Gîte de la Brèche)
Dénivelée: 320 m
Durée: 2 h 15
Distance: 5 km
Carte: 3435 ET ou 3436 ET

La vallée de la Romanche depuis le Villar-d'Arêne.

Du parking (1 660 m) ⓿, suivre la route sur 1 km. Prendre à gauche (point 1732 m sur IGN) une petite route ❶ qui mène au hameau des Cours, puis continuer sur la route non déneigée en laissant les Cours à droite. Au niveau du Chardoucier (parking d'été 1 850 m ❷), partir à droite (est) pour atteindre sans difficulté le lac du Pontet (1 982 m) ❸. À la descente, une fois rejointe la route non déneigée, on peut couper à droite pour tirer tout droit jusqu'à Villar-d'Arêne. Attention toutefois aux barbelés dissimulés par la neige.

Une balade sans aucune difficulté, en plein soleil, avec une vue magnifique sur le sommet emblématique de Villar-d'Arêne: les Agneaux. C'est en effet cette pyramide de 3 664 mètres que l'on admire très bien en regardant le massif plein sud.

75 - Refuge de l'Alpe (2 077 m)

Nov. Déc. Jan. Fév. Mars Avril Mai Juin

Niveau 1 Niveau 2 Niveau 3 Niveau 4

Accès: Bourg-d'Oisans, La Grave, Villar-d'Arêne
Départ: le Pied-du-Col. À la sortie de Villar-d'Arêne prendre à droite la route du Pied-du-Col. À une bifurcation, laisser la route du Pied-du-Col à gauche et prendre à droite. Se garer au parking du gîte des Lochettes 1 705 m
Dénivelée: 350 m
Durée: 3 h 30
Distance: 12 km
Carte: 3436 ET

Du parking ⓿, suivre la piste qui longe la Romanche pendant 2 km (l'hiver c'est une piste de fond, mais à la fin du printemps il est possible de l'emprunter en voiture). Dépasser le parking d'été ❶. Traverser le ruisseau du Colombier et buter contre un verrou, le pas d'Anna-Falque. Gravir ce ressaut ❷ (raide, exposé s'il reste de la neige) puis atteindre un replat ❸. Une longue traversée en légère descente mène au refuge (2 077 m) ❹, que l'on voit de loin.

Monter au refuge de l'Alpe permet de profiter pleinement de ce coin de haute montagne tout à fait accessible et majestueux : la vision de la face nord-ouest des Agneaux, dans le vaste cirque glaciaire d'Arsine, est grandiose. Une bonne nuit plus tard, vous pourrez vous y lancer, frais et dispos (cf. itinéraire suivant). Attention toutefois à la période choisie : bien que très fréquenté par les skieurs de randonnée, le pas d'Anna-Falque peut être très délicat à franchir si la neige est verglacée (crampons obligatoires dans ce cas). Mieux vaut attendre que ce passage soit déneigé, en général au mois d'avril, qui est également la date à partir de laquelle le refuge de l'Alpe (CAF) est gardé. À partir de mai, on monte généralement à pied sec jusqu'au refuge ; compter 1 h 30 de montée seulement depuis le parking d'été.

Accès : Bourg-d'Oisans, La Grave, Villar-d'Arêne, le Pied-du-Col
Départ : refuge de l'Alpe, 2 077 m (itinéraire précédent)
Dénivelée : 270 m
Durée : 4 h 00
Distance : 7 km
Carte : 3436 ET

76 - Col d'Arsine (2 340 m)

Nov. Déc. Jan. Fév. Mars Avril Mai Juin

Niveau 1 Niveau 2 Niveau 3 Niveau 4

Du refuge de l'Alpe ⓿, suivre la rive droite ❶ du torrent du Rif-de-la-Planche et remonter ainsi le vallon d'Arsine quasiment plat. Quand la pente se redresse un peu, tirer à gauche (est) ❷ pour atteindre le col d'Arsine (2 340 m) peu marqué ❸.

Un des plus beaux itinéraires de ce guide. Par bonnes conditions, idéalement au mois d'avril, la neige transformée porte bien et les raquettes sont facultatives, du moins à l'aller. Aucune difficulté, mais l'occasion de toucher du doigt le monde de la haute montagne, tout proche. On admirera ainsi les couloirs de neige rectilignes des Agneaux, dont le fameux couloir Piaget (déjà descendu à skis !), haut de 750 m, ou encore la calotte des Agneaux, cette coiffe de neige qui couvre le sommet, gravie pour la première fois par le révérend Coolidge et ses guides en 1873. En fin de matinée, vous apercevrez sûrement des alpinistes de retour du sommet.

Depuis le col d'Arsine, il est possible de monter (1 h aller-retour, 120 m de dénivelée) à la découverte du lac du glacier d'Arsine. Ce lac glaciaire, recouvert de neige et de glace bleue, réserve un très beau spectacle au printemps, à deux pas des Agneaux. Du col, il faut remonter au mieux les moraines au sud-est pour atteindre le lac.

Enfin, parmi les classiques itinéraires de haute montagne au départ du refuge de l'Alpe, les raquettistes montagnards ne se priveront pas de faire l'ascension du col du Clot des Cavales, 3 168 m (4 à 5 h de montée, piolet et crampons nécessaires).

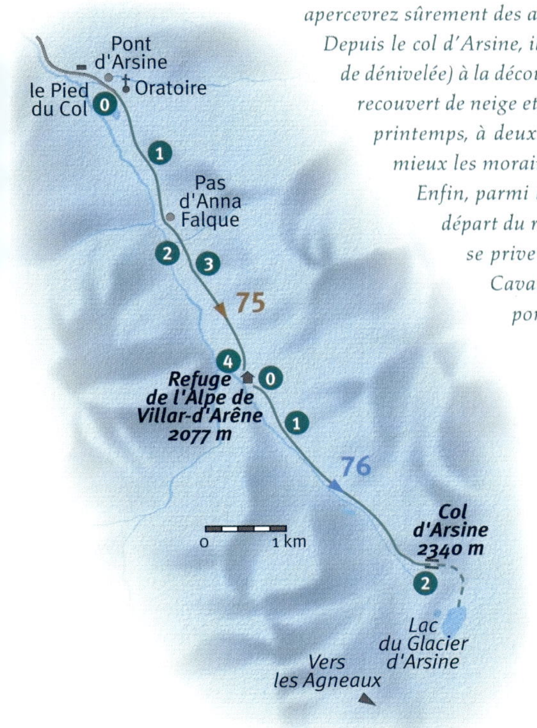

Du refuge de l'Alpe au col d'Arsine, vous marcherez face aux Agneaux.

Le versant nord-ouest des Agneaux depuis le col d'Arsine. La première ascension revient au révérend Coolidge, guidé par Christian Almer, en 1873. Ils empruntèrent le glacier à gauche, puis la fameuse « calotte » de neige sommitale (au soleil).

Secteur des Écrins – Vallée du Vénéon

Au cœur du majestueux Parc des Écrins, la montagne reprend ses droits, particulièrement en hiver. En effet, il n'est pas aisé de trouver des itinéraires abordables dans ce secteur très sauvage, peu fréquenté, et exposé à des risques objectifs (avalanches) sérieux, avec de surcroît des vallons dont le principal accès, la Bérarde, reste inaccessible en hiver. Peut-être est-ce une part de la magie quand on s'enfonce au plus profond de l'hiver dans l'unes des vallées à l'entrée du Vénéon, ou bien quand, au printemps, on peut enfin se rendre dans le sanctuaire de la Bérarde. Quel que soit l'itinéraire choisi, il faut attendre des conditions météorologiques et nivologiques stables pour parcourir ces itinéraires. Certains vous feront entrer dans le monde magique de la haute montagne au moment où celle-ci est la plus belle.

77 - Lac du Lauvitel (1 505 m)

Nov. | Déc. | Jan. | Fév. | Mars | Avril | Mai | Juin

Niveau 1 | Niveau 2 | Niveau 3 | Niveau 4

Accès : Bourg-d'Oisans, route de la Bérarde
Départ : la Danchère. 3 km avant Venosc et juste après les Ougiers, prendre à droite un pont sur le Vénéon pour monter à la Danchère. Parking à l'entrée du hameau
Dénivelée : 520 m
Durée : 4 h 00
Distance : 7 km
Carte : 3336 ET

Du parking (990 m) ⓿, traverser le hameau et prendre le chemin des Sources ❶ qui monte rive droite du ruisseau du Lauvitel. Au niveau de la passerelle (1 172 m) ❷, rester sur le sentier rive droite (à gauche donc). Gravir les pentes qui se redressent par de nombreux lacets et déboucher sur un replat. Remonter cette prairie ❸ et, après une dernière pente, parvenir à l'angle gauche (est) du lac, près des cabanes des Selles (1 505 m) ❹.

Très bel itinéraire, plus long qu'il n'y paraît. Au cœur de l'hiver, on peut marcher sur le lac alors complètement gelé. En revanche, il est interdit de rejoindre sa rive sud (Réserve naturelle intégrale du Lauvitel). Il est déconseillé en hiver de prendre le chemin rive gauche du ruisseau du Lauvitel à cause des risques d'avalanches issues de la paroi de la Rousse.

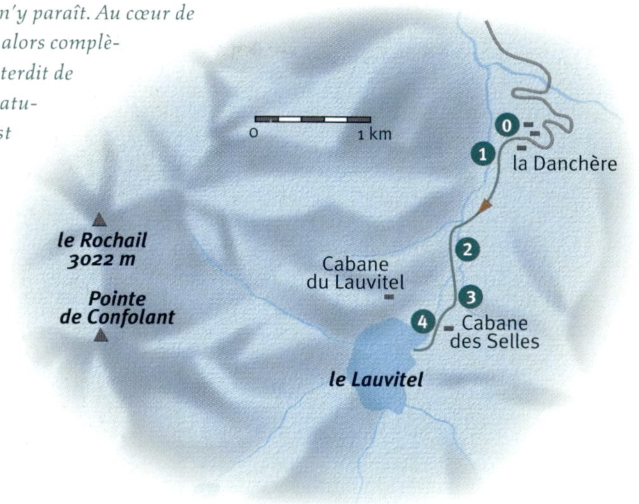

Accès : Bourg-d'Oisans, route de la Bérarde, Saint-Christophe-en-Oisans
Départ : Champhorent. Parking à l'entrée du hameau
Dénivelée : 590 m
Durée : 4 h 30
Distance : 10 km
Carte : 3336 ET

78 - Refuge de la Lavey (1 797 m)

Nov. | Déc. | Jan. | Fév. | Mars | Avril | Mai | Juin

Niveau 1 | Niveau 2 | Niveau 3 | Niveau 4

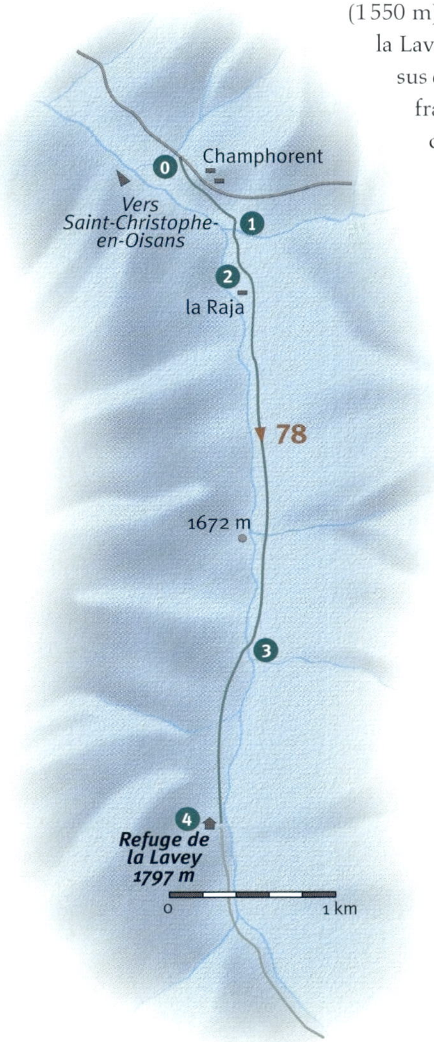

Du parking (1 590 m) ⓿, descendre jusqu'au Vénéon par le sentier d'été. Franchir celui-ci par le vieux pont en pierres (1 417 m) ❶. Remonter par une pente très raide au chalet de la Raja (1 550 m) ❷, rive droite du torrent. Remonter le vallon de la Lavey en restant à distance du ruisseau, bien au-dessus de celui-ci, particulièrement au début. Vers 1 700 m, franchir le ruisseau (pont) ❸ et continuer rive gauche jusqu'au refuge de la Lavey (1 797 m) ❹.

Le vallon de la Lavey est réputé pour être très exposé aux avalanches, mieux vaut donc s'abstenir de s'y aventurer après une chute de neige ; de manière générale, cette balade est plutôt à découvrir en fin d'hiver, quand le manteau neigeux est bien stabilisé. Le paysage est grandiose et l'ambiance sauvage. Le refuge de la Lavey (CAF) est gardé à partir d'avril.

Le mythique hôtel-bar-restaurant de Saint-Christophe, la Cordée. Une institution !

Orientation

Découvrir la montagne hivernale, c'est aussi faire attention à l'orientation : une randonnée dont les pentes finales sont orientées à l'est nécessitera un départ beaucoup plus matinal qu'une balade orientée à l'ouest. Une pente orientée au nord gardera une neige poudreuse beaucoup plus longtemps qu'une autre, chauffée au soleil de midi : les conditions en montagne varient et il faut savoir s'adapter aux (bons) versants en fonction des conditions de gel, de neige, et... d'orientation.

Accès: Bourg-d'Oisans, Saint-Christophe-en-Oisans, Champhorent
Départ: refuge de la Lavey, 1 797 m, itinéraire précédent
Dénivelée: 950 m
Durée: 4 h 30
Distance: 10 km
Carte: 3336 ET et 3436 ET

79 - Lac des Rouies (2 722 m)

Nov. Déc. Jan. Fév. Mars **Avril** **Mai** Juin

Niveau 1 Niveau 2 **Niveau 3** Niveau 4

Du refuge de la Lavey ⓿, poursuivre dans le vallon de la Muande en remontant la rive gauche du ruisseau ❶. Passer un replat, le Premier Clot. Au niveau d'un deuxième replat, Entre-les-Eaux ❷, bifurquer à gauche (est) pour gravir les pentes soutenues rive gauche du torrent. Éviter les pentes finales les plus raides par une traversée ascendante à gauche (nord) en passant sous les rochers des Rouies ❸, et déboucher au lac des Rouies (2 722 m) ❹.

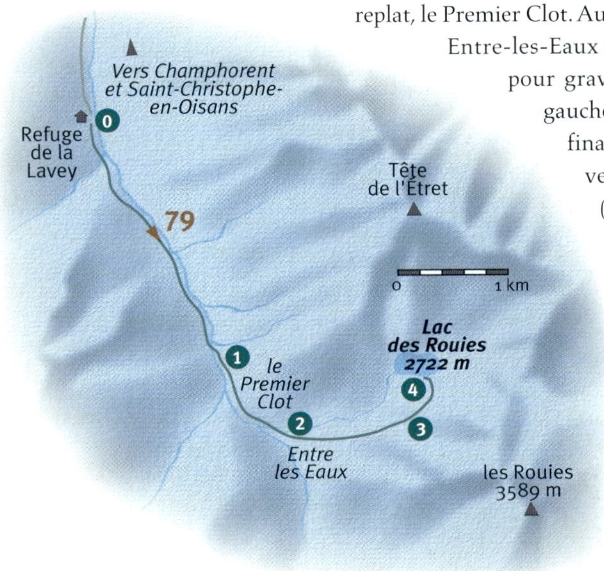

Itinéraire sauvage de raquette de printemps, sans réelle difficulté technique mais demandant un minimum de flair pour s'orienter et choisir les meilleures pentes. Les montagnards les plus courageux pourront monter au col de la Lavey 3 309 m (2 h de plus !). Enfin, la dénivelée indiquée ne prend pas en compte la délicieuse remontée à Champhorent (+ 200 m !) en fin de journée... Vous aurez de toute façon bien mérité votre part de tarte maison à la Cordée à Saint-Christophe !

La montagne est dangereuse... l'ignorance et l'imprudence davantage

La montagne hivernale est un milieu naturellement hostile pour l'homme qui ne peut y demeurer ou s'y engager sans s'adapter à ses contraintes et sans connaître ses dangers. L'analyse des accidents révèle généralement que l'ignorance, l'imprudence ou une succession de négligences en sont à l'origine, même si le mauvais temps ou des conditions de neige ont rendu la montagne plus dangereuse.

Facilité de progression... ne veut pas dire absence de danger

Ce n'est pas parce qu'on progresse sans difficulté en terrain facile que tout danger est absent. Justement, le manque d'attention résultant de cette facilité peut être une source de risque. Mais un danger peut aussi être provoqué par des tiers : d'autres randonneurs qui déclenchent une avalanche par exemple.

S'orienter... c'est savoir lire la carte mais c'est d'abord observer le terrain

L'orientation en terrain enneigé est notablement plus difficile qu'en été où, le plus souvent, on suit un sentier. Là, en dehors des forêts, on progresse à vue en se servant des éléments caractéristiques du terrain, identifiables sur la carte pour se situer et vérifier sa progression. Par visibilité réduite, cette façon de procéder devient aléatoire.

La tête des Fétoules en hiver, qui domine la Lavey avec ses 3 458 m.

80 - Refuge du Châtelleret (2 232 m)

Nov.	Déc.	Jan.	Fév.	Mars	Avril	Mai	Juin

Niveau 1	Niveau 2	Niveau 3	Niveau 4

Accès : Bourg-d'Oisans, Saint-Christophe-en-Oisans, La Bérarde
Départ : parking à l'entrée de La Bérarde, possible dès l'ouverture de la route
Dénivelée : 520 m
Durée : 5 h 00
Distance : 12 km
Carte : 3436 ET

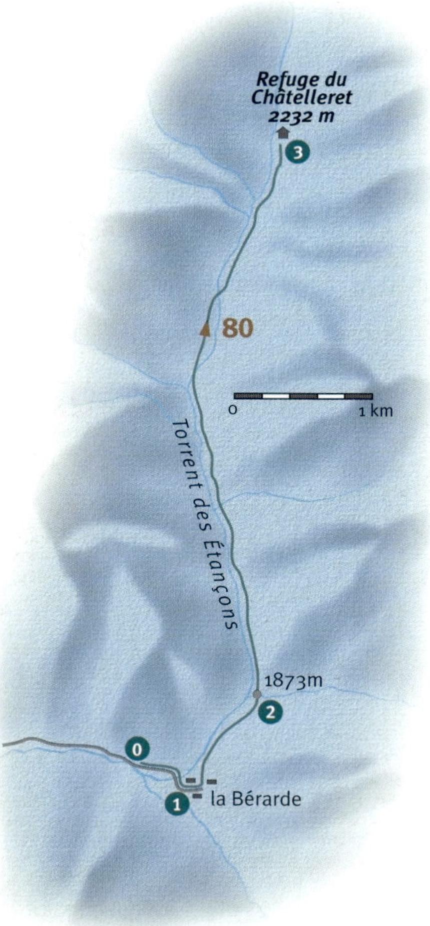

Du parking (1 713 m) ⓿, traverser le village et, après l'église, prendre le sentier d'été ❶ qui remonte rive gauche du torrent des Étançons (panneau). Atteindre un replat, point coté 1 873 m ❷, et laisser à droite l'entrée du vallon de Bonne Pierre pour continuer plein nord en restant rive gauche du torrent des Étançons. Atteindre le refuge du Châtelleret (2 232 m) visible de loin ❸.

Dès que la route est déneigée, en général mi-avril, il est possible de monter à La Bérarde en voiture. Au printemps, les nombreuses traces de skieurs qui montent à la brèche de la Meije indiquent le chemin à suivre. Dès l'arrivée au replat à 1 873 m, la vue sur la face sud du Grand Pic de la Meije (3 982 m) est saisissante. Symbole du Dauphiné, la montagne était gravie pour la première fois en août 1877 par une cordée associant un jeune âgé de 19 ans, E. Boileau de Castelnau, emmené par un guide local, Pierre Gaspard, et son fils. Un exploit à l'époque, et dont on aura tout le loisir de mesurer l'ampleur et le culot en montant au refuge du Châtelleret.

Ci-contre : ambiance conviviale au refuge du Châtelleret. Page de droite : vallon des Étançons.

Infos utiles

Maison de la Montagne

Bureau Information Montagne (BIM)
3, rue Raoul-Blanchard – BP 227
38019 Grenoble CEDEX
Tél. 04 76 42 45 90 – N° indigo 0 825 825 588 infos.montagne@grande-traversee-alpes.com
www.grenoble-montagne.com

Hébergements :

– Maison des Gîtes de France et du Tourisme Vert
59, rue Saint-Lazare – 75009 Paris
Tél. 01 49 70 75 75 – Fax 01 42 81 28 53
info@gites-de-france.fr • www.gites-de-france.fr
– SIRT Isère Gîtes de France
40, avenue Marcellin-Berthelot – BP 2641 – 38036 Grenoble CEDEX 2
Tél. 04 76 40 79 40 - Fax 04 76 40 79 99 sirt38@wanadoo.fr
www.gites-de-france-isere.com

Fédérations et clubs

– Fédération des Clubs Alpins Français (FCAF)
24, avenue de Laumière – 75019 Paris
Tél. 01 53 72 87 00 – Fax 01 42 03 55 60

Accompagnateurs et guides de montagne

- L'Alpe-d'Huez (bureau des Guides) - Tél. 04 76 80 42 55
- Le Bourg-d'Oisans (bureau des Guides et Accompagnateurs) - 2, rue Gambetta -
Tél. 04 76 80 11 27
- Chamrousse (Maison de la Montagne) - Tél. 04 76 59 04 96
- Les Deux-Alpes (bureau des Guides) - Tél. 04 76 11 36 29
- La Grave-La Meije - Tél. 04 76 79 90 21
Fax 04 76 79 96 90 • www.guide-lagrave.fr.st
- Grenoble (AMAD accompagnateurs en montagne)
Tél. 04 38 37 01 71 • amad38@wanadoo.fr
- Saint-Christophe-en-Oisans (syndicat des Guides du Vénéon) - Tél/Fax 04 76 79 54 83
guideveneon@yahoo.fr • www.guideveneon.com
- Saint-Hilaire-du-Touvet (bureau des Guides du Pays du Grésivaudan) - Tél. 06 30 93 88 50
- Sainte-Marie-du-Mont (bureau Montagnes)
Tél. 04 76 92 31 26
- Saint-Pierre-de-Chartreuse (Cartusiana - bureau Montagne de Chartreuse)
Tél. 04 38 86 91 31 • cartusiana@wanadoo.fr
- Vénéon (voir à Saint-Christophe-en-Oisans)

Équipement

- TSL sport équipement : www.tslsport.com

Info neige et météo

- Agence pour l'étude de la neige et des avalanches : www.anena.org
- Météo France, Tél. : 3250 ou 08 92 68 02 38, www.meteo.fr

Info route

CRICR Isère – Tél. 08 92 69 19 77 (rép.)

Secours

- 112 numéro international.

Ce numéro peut être composé sans le code pin d'un GSM, sans carte sim, sans carte ou sans monnaie à partir d'une cabine publique. Il est prioritaire sur les antennes de tous les opérateurs confondus.

- Secours en montagne Isère, Tél. 04 76 22 22 22 ; Hautes-Alpes, Tél. 04 92 22 22 22 ; Savoie (Maurienne), Tél. 04 79 05 11 88
- 15 Service Médical d'Urgence et de Réanimation
- 18 Pompiers
- 17 Gendarmerie

Bibliographie

Raquette à neige en Isère, Pierre Pardon, éditions Didier Richard, 1999
Randonnées à raquette en Dauphiné, Jean-Pierre Bonfort, éditions Cent pages, 2004

Sitographie

http://www.planetemontagne.com : bibliothèque virtuelle de la presse montagne, météo, bulletins neige et avalanches, téléphones refuges, etc.
http://skirando.camptocamp.com : site interactif permettant de partager des idées d'itinéraires et des informations récentes sur les conditions de neige en montagne.

Offices du tourisme et Syndicats d'initiative

- Les Adrets (SI) 38190 - Le Bourg - Tél./fax 04 76 71 09 41
- Allemont 38114 - La Fonderie - BP 3 - Tél. 04 76 80 71 60 - Fax 04 76 80 79 48 info@allemont.com • www.allemont.com
- Allevard (OT du Pays d'Allevard) 38580 - Place de la Résistance Tél. 04 76 45 10 11 - Fax 04 76 97 59 32 office@allevard-les-bains.com • www.allevard-les-bains.com
- L'Alpe-d'Huez 38750 - Place Paganon - BP 28 Tél. 04 76 11 44 44 - Fax 04 76 80 69 54 - info@alpedhuez.com • www.alpedhuez.com
- Auris-en-Oisans 38142 - Les Orgières - Tél. 04 76 80 13 52 - Fax 04 76 80 20 16 auris-en-oisans@wanadoo.fr
- La Balme-les-Grottes (SI Les Balcons du Rhône) 38390 - Rue Noire - Tél. 04 74 90 17 68 - Fax 04 74 90 17 59 - sibalconsdurhone@tiscali.fr
- La Bérarde (SI du Haut Vénéon) - Tél. 04 76 79 21 17
- Le Bourg-d'Oisans 38520 - Quai Girard - Tél. 04 76 80 03 25 - Fax 04 76 80 10 38 infos@bourgdoisans.com • www.bourgdoisans.com
- Chamrousse 38410 - Tél. 04 76 89 92 65 (Recoin) ou 04 76 89 94 88 (Roche Béranger) - Fax 04 76 89 98 06 - infos@chamrousse.com • www.chamrousse.com
- Charavines (OT du Pays Voironnais) 38850 Rue des Bains - Tél. 04 76 06 60 31 - Fax 04 76 06 60 50 - www.paysvoironnais.info
- Le Collet-d'Allevard - Tél. 04 76 45 01 88 - Fax 04 76 97 59 34 - www.lecollet.com
- Les Deux-Alpes 38860 - BP 7 - Tél. 04 76 79 22 00 - Fax 04 76 79 01 38 les2alp@les2alpes.com • www.les2alpes.com
- Eau d'Olle (Maison de l'Eau d'Olle - Allemont) 38114 - La Fonderie - Tél. 04 76 79 40 10
- Les Échelles (OT de la Vallée de Chartreuse) 73360 - Rue Stendhal Tél. 04 79 36 56 24 - Fax 04 79 36 53 12
- La Ferrière-d'Allevard (Maison de la Nature) 38580 - Tél. 04 76 45 18 21
- Le Freney-d'Oisans (SI) 38142 - Tél. 04 76 80 05 82
- La Grave (OT Pays de la Meije) 05320 - RN 91 - Tél. 04 76 79 90 05 - Fax 04 76 79 91 65 ot@lagrave-lameije.com
- Grenoble - CEDEX 38019 - 14, rue de la République - BP 227 - Tél. 04 76 42 41 41 - Fax 04 76 00 18 98 - info@grenoble-isere-tourisme.com www.grenoble-isere.info
- Mizoën 38142 (point info Vallée du Ferrand : Tél. 04 76 80 20 54 en juillet-août)
- Mont-de-Lans (SI) 38860 - La Rollandière - Tél. 04 76 80 18 85
- Oisans (Groupement des offices du tourisme de l'Oisans) (voir à Bourg-d'Oisans)
- Oz-en-Oisans 38114 - Tél. 04 76 80 74 43 - Fax 04 76 80 79 04 info@oz-en-oisans.com • www.oz-en-oisans.com
- Plateau des Petites Roches - 38660 Saint-Hilaire-du-Touvet - Tél. 04 76 08 33 99 - Fax 04 76 97 20 56 O.T.St-Hilaire-du-Touvet@wanadoo.fr

- Le Pleynet (Sept-Laux) 38580 - Les 7 Laux - Tél. 04 76 08 75 16 - Fax 04 76 08 72 75
- Le Pont-de-Beauvoisin (OT les Vallons du Guiers) 38480 - 1, rue Gambetta
Tél. 04 76 32 70 74 - Fax 04 76 32 70 75 - ot.vallons@netcourrier.com
- Prapoutel (voir les Sept-Laux)
- Saint-Christophe-en-Oisans (OT Écrins Haut-Vénéon) 38520 -
Tél. 04 76 80 50 01 - Fax 04 76 80 59 39 - othv@magic.fr
- Saint-Hilaire-du-Touvet (voir à Plateau des Petites Roches)
- Saint-Pierre-de-Chartreuse 38380 - Place de la Mairie - Tél. 04 76 88 62 08 -
Fax 04 76 88 68 78 - OT@st-pierre-chartreuse.com • www.st-pierre-chartreuse.com
- Saint-Pierre-d'Entremont (voir à Vallée des Entremonts)
- Le Sappey-en-Chartreuse (SI) 38700 - Tél. 04 76 88 84 05 - Fax 04 76 88 87 16
si.sappey@wanadoo.fr
- Les Sept-Laux (Prapoutel/Pipay) 38190 - Les Cortillets -
Tél. 04 76 08 17 86 - Fax 04 76 08 71 92 - station@les7laux.com • www.les7laux.com
- Uriage-les-Bains (Office thermal et touristique) 38410 - 5, avenue des Thermes -
Tél. 04 76 89 10 27 - Fax 04 76 89 26 68 - info@uriage-les-bains.com •
www.uriage-les-bains.com
- Vallée des Entremonts 73670 - Maison Intercommunale Saint-Pierre-d'Entremont
Tél. 04 79 65 81 90 - Fax 04 79 65 88 78 - OT.Entremonts@wanadoo.fr
- Vallée du Ferrand (voir à Mizoën)
- Vallons du Guiers (voir à Pont-de-Beauvoisin)
- Vaujany 38114 - Tél. 04 76 80 72 37 - Fax 04 76 79 82 49
info@vaujany.com • www.vaujany.com
- Venosc/Vallée du Vénéon 38520 - La Condamine - Tél. 04 76 80 06 82 - Fax 04 76 80 18 95
info@venosc.com • www.venosc.com

Parc national des Écrins
- Parc national des Écrins
Domaine de Charance - 05000 Gap
Tél. 04 92 40 20 10 - Fax 04 92 52 38 34
ecrins-parcnational@espaces-naturels.fr
www.les-ecrins-parc-national.fr
- Secteur de l'Oisans
Maison du Parc - Rue Gambetta - BP 47
38520 Le Bourg-d'Oisans
Tél. 04 76 80 00 51 - Fax 04 76 11 01 05

Parc naturel régional
Parc naturel régional de Chartreuse
Maison du Parc - Place de la Mairie
38380 Saint-Pierre-de-Chartreuse
Tél. 04 76 88 75 20 - Fax 04 76 88 75 30
accueil@parc-chartreuse.net • www.parc-chartreuse.net

TSL 305 & 325
escape
Un profil accrocheur
Osez
le must !
Super accroche !
. Appuis prépondérants sous le pied
. Système anti-bottage
. Taille de guêpe + profil variable
Fixation crémaillère !
. Confort & facilité d'utilisation
. Sound & Shock Absorbing System
. Cale de montée
Une taille
de guêpe
d'enfer
TSL
TSL SPORT EQUIPMENT
www.tslsport.com
TERRA NOSTRA 04 50 22 67 22

TSL®
TSL SPORT EQUIPMENT
ANNONCE n° 016 2005
Suite à changement climatique soudain,
Guy Bernard, 43 ans, informaticien et néanmoins
randonneur émérite cherche bâtons TSL polyvalents
hiver comme été pour retour à la civilisation...
Prière de contacter l'office de tourisme qui transmettra.
Toute une gamme de bâtons disponible
PUSH
PULL
SYSTEM
PUSH
PULL
3 rondelles pour s'adapter à tous les terrains :
1 • Summer (ø 55mm)
2 • Winter (ø 95mm)
3 • Powder (ø 130mm)
1
2
3

L'auteur

Passionné de montagne et de voyage, Jocelyn Chavy est un journaliste et photographe qui parcourt les massifs des Alpes à l'Himalaya, des Dolomites au Yosemite. Alpiniste, grimpeur, il a été reporter à Montagnes Magazine, *et a travaillé pour de nombreuses revues spécialisées* (Alpes Loisirs, Trek Magazine, Grimper, Klettern...)*. Actuellement, il collabore aux magazines* Vertical, Alpinisme & Randonnée *et* Ski Magazine.

Dans la même collection :

- Isère, tome 2 (Vercors – Matheysine – Taillefer – Valbonnais – Beaumont – Valgaudemar – Bôchaine – Dévoluy)
- Savoie, tome 1 (Val d'Arly – Beaufortain – Tarentaise – Vanoise – Trois Vallées)
- Savoie, tome 2 (Bauges – Chartreuse – Maurienne – Cerces – Haute Maurienne – Vanoise)
- Haute-Savoie, tome 1 (Gavot – Val d'Abondance – Vallée Verte – Brévon – Vallée d'Aulps – Vallée du Giffre)
- Haute-Savoie, tome 2 (Bornes – Aravis – Pays du Mont-Blanc)
- Hautes-Alpes, tome 1 (Queyras – Grand Briançonnais)
- Hautes-Alpes, tome 2 (Champsaur – Valgaudemar – Embrunais – Gapençais – Dévoluy – Lussois)

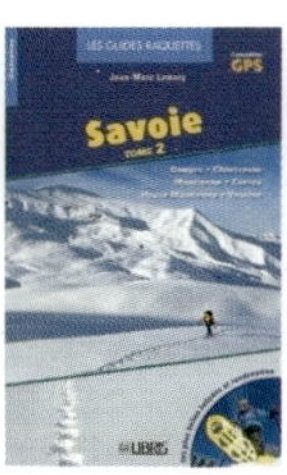

Achevé d'imprimer en novembre 2005